湾生の遺言

台湾よ、永遠なれ

宮本 孝

展転社

はじめに

台湾海峡の波がまたぞろ高くなってきた。中国大陸と台湾との両岸対立はこれまでも幾度となく繰り返されてきたが、今回ばかりはロシアのウクライナ侵攻を受けて一段と現実味を帯びてきた。言うまでもなく、中国大陸の武力による台湾統一である。そして私たちにとっての台湾有事である。

この台湾有事を我が事として危機感をもって憂慮するのが戦前の台湾（日本統治時代）に生まれ育った、いわゆる〝湾生〟の皆さんだ。湾生の皆さんは戦後、国交断絶（一九七二年）という政治の壁を乗り越えながら、常に生まれ故郷に思いを馳せ、台湾の発展を心から願い、そのための親善交流を脈々と続けてきた。今日に至る日台友好も彼ら湾生の存在なくして語れないほどである。

しかし、寄る年波には勝てず、台湾からの引き揚げ時に十歳だった湾生も今や八十代後半となり、台湾最大の危機を前にしてその声は日を追って消え入りつつある。今こそ、台湾を愛する私たちが湾生の思いを、遺志を継ぐとき、声を上げるときである。

〝台湾よ、永遠なれ〟と。

湾生の遺言——台湾よ、永遠なれ◎目次

装幀　古村奈々＋Zapping Studio
カバーイラスト　加藤寿子

第一章　林森北路恋しオペコンブルース

台湾を愛する私たちといっても対象が広すぎて、台湾への熱量が今一つ伝わってこない、とのご指摘を受けそうなので、ここでは観光や駐在員生活等を通じていつしか台湾の虜となって、十回、二十回と台湾通いを続ける熱狂的な台湾ファンとでもひとまず〝定義〟することにしよう。

かくいう私も台湾の虜になってしまった一人。なぜ、虜になったかは後述することにして、とにかく三十代から五十代にかけて延べ五十回以上も台湾通いを続け、病魔に襲われて台湾への足が遠のいてしまった今も台湾への熱量はいささかも冷めることはない。むしろ、日を追って台北への、台湾への思いが募るばかりである。

湾生の皆さんの生まれ故郷を思う熱量には足元にも及ばないものの、一九六〇年、七〇年代の台湾の虜になった私ら世代にもかなりなものがある。私ら世代にとって六、七〇年代の台湾は勝手ながら今とは違う古き良き台湾であり、その愛おしいまでの〝台湾有情〟の虜になったというのが私たちの共通項である。それは令和の私たちが昭和に切ないまでのノスタルジーを感じるのと少し似ているかもしれない。

こんな私たちの台湾を象徴するワードの一つが「林森北路」である。今も台湾狂の仲間とテーブルを囲むとき、最初に出てくるのがこの「林森北路」なのである。

「お前は林森大学を卒業できたの?」

「いや、残念ながら駐在期間が短かったので〝中退〟でした(笑)」

「それはお気の毒に。私などは居心地の良さに五年も〝留年〟したものよ（笑）」

ざっとこんな調子でいつもの台湾談議が盛り上がっていく次第。

台湾に一度でも行ったことのある者にはおよそ察しがつくと思うが「林森北路」とは往時の台北を代表する歓楽街のこと。台北の中心街である中山北路のすぐ東を南北に併行して走るストリートなのだが、この林森北路が南京東路と長安東路に挟まれた一角がいわゆる〝林森大学〟である。

ここは日本統治時代（以下、日本時代）に大正町と呼ぶ住宅街だった。後述する岡部茂氏（故人）の回想によれば「大正町はがじゅまるの並木や想思樹などが植えられて、住み良い住宅地だった。私の生まれる前から都市計画で整然とした街並みができていた。碁盤の目のような道路の各通りには域壁を取り壊したときの石を積んでつくった下水溝があり、それをまとめて流す大下水道のドブ川が一条から十条まであり、電気、ガスも完備して、計画のすばらしかったことが偲ばれる」と。

林森北路には今も往時の五条、六条……十条通りといった町名が残っていて、湾生にとっては懐かしい限り。しかし、台北に夜の帳が下りると、かつての閑静な住宅街は台北一の歓楽街へと一変する。五条、六条、七条通りとつづく細い路地には、バー、クラブ、スナック、カラオケ店がびっしりと埋め尽くし、夜ごと日本人客とのラブゲームが繰り広げられる。まるで一時の新北投温泉がそっくり林森北路に移ってきたような盛況である。

新北投温泉（後述）といえば、戦後しばらくは日本人の悪名高い買春ツアー先として男性天国・台湾のシンボル的な存在であった。しかし、台湾の急速な経済発展とともにその〝役目〟を終え、売春を主目的とする温泉の消灯（一九七九年に芸妓と置屋を廃止）は時間の問題とされていた。その結果、最盛期に一万人もいた〝売春婦〟は新たな職を求めて日本への出稼ぎに、林森北路などの台北の夜へと流れ込んできたのだった。

こうした時代背景もあって、林森北路は国交断絶後も急増する日本人観光客や駐在員の欲望を満たす場として八〇年代にかけていよいよ賑わっていくのだった。もとより夜の女たちも全面的な売春禁止を前にもうひと稼ぎしようと、片言の日本語を駆使しては日本人客に猛アタックする。

ひと夜の観光客に対しては、

「アナタ、ホテル、どこですか」と。

一方の駐在員にとって林森北路は単に遊興の場だけではない。異国での寂しい生活を馴染みのママが親身に聞いて、励ましてもくれる身近な癒しの場でもある。

この間、林森北路でのひと夜が忘れ難く、台北に二度、三度と足を運んでしまったご仁がごまんといたことだろう。

そんな林森北路の最盛期を歌ったものに、林慧児氏作詞の『台北慕情』と『オペコンブルース』がある。林氏は産経新聞の台北支局長として駐在し、定年退職後も「日本より台湾の方がメシがうまい」と台湾に居残って、私たちと台湾の観光雑誌づくりに長年活躍された大先輩である。
　ではここで林森北路を恋慕う多くのご仁のために『オペコンブルース』をお届けしよう。蛇足ながら〝オペコン〟とは〝口先だけのでまかせ〟なこと。そう台湾小姐から「アナタ、オペコンよ」と、さんざんやり返された貴殿のことです（失礼）。

〽名前も知らない　人だけど
グラスのカゲで　微笑んだ
チャイナドレスの　台北娘
このまま語ろう　夜明けまで
あなたのお口　チョコレート
だけど心は冷蔵庫
云うことだって　オペコン
オペコン、オペコンばかり……

両曲とも故バーブ佐竹が歌ったもので、台湾狂の私たちには思い出深い懐メロである。
しかし、忘れてならないのは赤い灯青い灯の林森北路が賑わう頃も台湾はいまだ戒厳令下にあったということだ。一般の台湾人、なかでも日本時代を知る年輩者は新北投温泉から林森北路へと続く、戦後の変わり果てた日本人の狂態に眉をひそめながらも日本人との再会を、目頭を熱くして喜ぶのだった。そして、長年閉ざしてきた自らの胸の内を絞り出すように語り始めるのだった。

80年代の林森北路
オペコンブルースが聞こえてきそう……

第二章

台湾の魔力に惹かれて

もうおわかりだと思うが、私が台湾の虜になったのは残念ながら林森北路の夜ではない。いま述べた台湾の日本語世代の皆さんとの出会いである。

私が日本語世代の皆さんと出会ったのは一九七〇年代の後半、皆さんがそれまで押し殺してきた日本への思いを少しずつ吐露できるようになった頃だった。とりわけ、敗戦で日本人が引き揚げてからも十年、二十年と日本との連帯感を持ち続ける台湾の〝親日世代〟の存在が私を魔力のように惹きつけたのだった。彼ら親日世代の皆さんが、もちろんきれいな日本語でその重い口を開くごとに、私は目から鱗が落ちるように台湾の切ないまでの心情を思い知らされ、台湾への悔悟の念と熱い連帯の思いがどうしようもなくこみ上げるのだった。

これぞ、私が台湾の虜になった最大の理由である。この思いはあれから四十年以上経った今もけして変わることはない。まして今は台湾が最大の危機を迎えようとしているときであり、私たちの台湾へのシュプレヒコールはいやでも高まろうというもの。読者の皆さまにもこの私の思いをぜひ共有していただき、一緒に〝台湾よ、永遠なれ〟と声を上げていただくため、もう少し私の台湾での歩みを続けることにしよう。

私が初めて台湾の土を踏んだのは日本との国交断絶から六年後の一九七八年のこと。故蔣介石総統から引き継いだ蔣経国総統の国民党独裁による戒厳令時代が依然続いていた。したがって、いまだ〝大陸反攻〟を掲げる当局の監視の目が庶民の日常生活を縛り、街を歩けば突然空襲警報（当時はまだ準戦時体制下にあって、年に一、二回各地区ごとに防空訓練があった）のサイレンが鳴り響いて、何も知らぬ日本人観光客がオタオタする時代だった。

なぜ、この時期に台湾に行くことになったのかについては、たまたまだったという他ない。私は大学卒業後「東京タイムズ」で三年ほど記者生活を送ったのだが、たった三年では物を書く記者としてはまだまだ半人前。案の定、同紙の廃刊とともにフリーライターとは名ばかりの失業者になってしまった。結婚して間もない私にはなんとも面目ない日々が続いたのだが、それでも物書きへの夢は捨て切れなかった。

そんな矢先、友人で国際ジャーナリストの山本徳造氏から願ってもない話が舞い込んだのである。

「一緒に東南アジアの取材に行きませんか」と。

この時期は前述したように、日本のエコノミックアニマルたちが「息抜き」と称して、台湾をはじめタイや韓国などにセックスアニマル丸出しの買春ツアーを繰り広げる頃。そうしたアニマルたちのために現地の夜の情報を盛り込んだガイドブックをつくろうとの企画だった。当時はまた、ベトナム戦争後（一九七五年に南ベトナムのサイゴン陥落）のボートピープルに象徴される難民があふれる時期でもあり、私はそうした難民をも取材することで帰国後週刊誌や月刊誌に売り込もうと内心小躍りして初の東南アジアに旅立った次第。

取材はシンガポールから始まり、次いでマレーシア、タイへと北上した。移動は旅費節約のため、すべて鉄道を利用した。時間はかかるがその分、南国旅情をたっぷりと満喫できた。

とくにクアラルンプールからマレー国際急行でマレー半島を半日以上かけて北上する乗り心地は格別だった。取材先ではそれぞれ一週間の滞在とし、山本氏と片言の英語を駆使しながら現地の観光、交通情報などを手当たり次第に集めた。もちろん、日本のアニマルたちのために歓楽街の取材も敢行した。とはいえ、二人とも潤沢な旅費があるはずもなく、ネオン街を見聞して歩くのが精一杯だった。

当時はどこのネオン街にもすでにアニマルたちの進出が目立ち、特にバンコクのパッポンストリートなどは政情不安もどこ吹く風と日本人熱烈歓迎の賑わいだった。ネオン街を歩けばすぐにもポン引きがやってきて、「日本人デスカ、いいオンナ、いるネ」と、執拗な客引きが始まる。そんな猥雑な通りをわがアニマルたちが列をなして闊歩する。このときばかりは「日本」を振りかざすのだから、いい気なものである。

かく言う私も初めての海外の旅で多少いい気になっていたようで、バンコクでは思わぬ〝しっぺ返し〟を食らってしまった。山本氏と路線バスで市内を観光中、バスがなんと電柱に激突したのである。とはいえ、私は〝ドスン、バシャ〟という音とともに一瞬気を失ってしまい、気づいたときは近くの病院にいた。山本氏によると、私は座席から数メートル飛ばされ、頭を何かにぶつけたらしい。幸い私は軽くすみ、むしろ山本氏の方が足に深手を負い、にもかかわらず私を介抱して病院まで運んでくれたのだった。以来、山本氏には頭が下がりっぱなしである。それにしても東南アジアでは一瞬の油断が命取りになることを身をもって学んだ次第。

ネオン街の探訪が終わったところで私たちは当初の予定通り、タイの難民キャンプを訪ねることに。難民キャンプはカンボジアとの国境を流れるメコン川沿いのノンカイにあった。当時急増するカンボジア難民のためにタイ側が急遽キャンプ地を提供したというのだが、私たちは言葉の壁で思うような取材ができず、帰国後の原稿の売り込みは早くも断念せざるをえなかった。

こうして私たちは一ヶ月弱の取材を終え、最後の取材先の台湾へと向かった。外国慣れした山本氏も東南アジアの夏真っ盛りの中での取材行脚はさすがに堪《こた》えたようで、台湾に向かう機内では「せめて台湾ではスムーズな取材と多少の骨休みができれば（笑）」と、何度も苦笑したものだ。まして行く先々が初物尽くしの私には最後の台湾取材をさっさと切り上げて一日も早く帰りたい方だった。それが今日まで台湾から離れられなくなろうとは……人生とはこんなものかもしれないが。

ともあれ、私たちは無事松山空港に降り立った。現在の桃園国際空港は翌一九七九年の開港なので、このときの台湾の玄関口はまだ日本時代からの松山空港が使われていた。

松山空港に着いたのは夕闇が迫る頃。空港を一歩出ると、ねっとりとした外気の中に中国料理独特のニオイが鼻をつく。ちょうど、庶民が夕食の支度にとりかかる時間帯だった。それはシンガポールともバンコクとも違う、私にはどこか懐かしい、心地よいニオイだった。

これが私の台北の第一印象であり、実際、その印象どおりの台北が待っていてくれたのだった。

空港の前にはすぐに台北の市街がつづき、とり合えず中心街の中山北路で安宿を探すことに。中山北路は今でこそ東京と変わらぬ高層ビル街だが、当時はまだ三、四階建てのビルがほとんどで、南国の夜の帳が街をしっとりと包み込んでいた。台湾のことは白紙同然だった私にはこのとき、街が戒厳令下にあることも、いわんや前述した林森北路の存在など知る由もなかった。

その夜、安宿近くの食堂で夕食を食べているときのこと。そこは屋台に毛のはえた小さな台湾料理店で、旅費が底をつきかけた私たちには格好の店だった。空心菜の炒めを肴に台湾ビールを飲んで一杯百円ほどの嚕肉飯を食べていると、常連らしき年輩者が声をかけてきた。

「日本人、ですか。どこから、来ましたか」

と。きれいな日本語だった。

「東京です」と答えると、年輩者は相好を崩して、「ソウ、東京ですか、私も一度、東京行きたいです」と。

会話はこれだけだったが、年輩者はその後も一人食事をしながら私たちにずっと優しい視線を送ってくるのだった。その表情は、私たちともっと話したいのを懸命に自制しているようだった。私にはそれよりなにより、日本語の突然の登場がまず驚きだった。と同時に一ヶ

70年代の台北市内

月にわたって日本語から遠ざかっていた私たちにとって「台湾は日本語が通じる国」と知っただけで救われる思いだった。それは翌日からの取材でいっそう明らかになるのだったが。

　さて、食事からもどった私たちにはもう一つの台北流歓迎が待っていた。言わずもがな、ボーイのドア叩きである。あえて〝叩き〟と言ったのはそれほど執拗だったからである……。

　翌日、私たちはさっそく取材に走り回った。街なかに出てまず驚いたのはタクシーとバイク、とくにバイクの多さとそのけたたましいまでの騒音だった。しかもバイクの群れが我先にとスピードを競い、ときには信号を無視するように走り回るのだから危険極まりない。その間隙を縫って市民がヒョイヒョイと横断する姿はまるで軽業師だった。そう、私たちが初めて見た台湾は人もクルマも軽業師だった。日本でも昭和三十年代以降〝交通戦争〟と呼ばれていた時期があったが、台湾がちょうどその時期を迎えていた。改めて台湾が高度経済成長の走りにあることを実感した次第。やむなく私たちも軽業師のような取材を続けることとし、その一つ、台湾観光協会を訪ねたときのこと。そこで私たちを、昔からの友人、知人でもあるかのように温かく迎えてくれたのが今は亡き雷樹水さん、通称「かみなりさん」だった。雷さんは私たちの欲しい情報をすぐに提供してくれただけでなく、これからの取材先まで喜んで根回ししてくれたのだった。さらに私たちを半ば強引に食事に誘い、豪勢な中国料理までご馳走してくれたのである。そして私たちとの食事中、雷さんが、「日本とはいつまでも親戚ですよ」と何度も繰り返したことを今もはっきりと覚えている。

しかし私はあのとき、戦後三十年以上も経ってなお「日本とは親戚」という雷さんの真意を問い返すことができなかった。今となっては仕方がないが、確かなことはあのとき雷さん自身もそれ以上の言葉を続けようとしなかったことだ。前夜、食堂で言葉を交わした年輩者と同じだった。台湾の皆さんの、なぜか話の途中で口をつぐんでしまう胸中をまだ理解できていなかったのである。

実はこのときの雷さんは月刊『台湾観光』の編集責任者として長年にわたって健筆を振るう、知る人ぞ知る存在だった。七二年の国交断絶に対しても、国際信義と道義を踏みにじった日本の暴挙に猛省を促す告発文を書き、良識ある日本人からも多くの共感が寄せられていた。しかし、雷さんは悲憤しながらもけして日本を捨てようとはしなかった。それは日本時代を生きた者として「日台は切っても切れない仲」というのが終生変わらぬ持論であったからだ。雷さんはその後も観光業を通じて日台親善に尽力し、その多大な功績は、〝台湾のミスター観光〟と呼ばれるまでに。

このことを当時の私が多少とも知っていたなら、「日本とはいつまでも親戚」と言った雷さんの気持ちが痛いほどわかったはずだ。

いずれにせよ、このときの雷さんとの出会いが私を台湾に強く引き寄せたことは間違いない。たとえ、雷さんの当時の胸の内までは知らずとも、どこの馬の骨かもわからない者を、ただ「日本人」というだけで全身で喜びを露わにし、心からもてなそうとする台湾人とは一体何者なのか、という大きな宿題が私の心に残ったのだった。そして格好よく言うなら、この宿題を解くために私の台湾通いが始まったといえるのである。

しかし、こうした体験は私に限ったことではない。台湾の虜になった者の多くが私と似かよった体験がきっかけになっている。後年、アジア旅行開発㈱の台北駐在員として長年活躍された風間秀之氏も私と同じような体験から台湾にはまってしまった一人である。

風間氏は明治大学でたまたま（と本人曰く）王育徳教授（台南出身の言語学者で、台湾独立運動の創始者として知られる）のゼミをとったことで台湾への関心が芽生え、大学を卒業して二年後の一九六八年、会社の同僚と初めて台湾を旅行した。年末のあわただしい中、一週間の日程で台湾を一周する計画で、六日目の花蓮でのことだった。

その日は元旦で市内の食堂はどこも閉まっていた。そこで風間氏らは前の晩に買物をした土産店でどこか開いている食堂を訪ねることに。すると気のいい店主夫妻が日本語で、「今日はどこも休みなので、よかったらぜひ私たちの家で食べていらっしゃい」と、手をつかむように誘ってくれたとのこと。で、その日は、朝、昼、晩の三食をすっかりご馳走になったというのだ。

風間氏は傘寿を迎えた今もあのときの花蓮での元日が忘れられないと振り返る。

「花蓮でご馳走になった台湾料理の味が、店主ご夫妻の素敵な笑顔とともに忘れられません。あのことがなかったら、その後どっぷりと台湾にはまることはなかったかと（笑）。思えば六〇年、七〇年代の台湾にはゆったりとした空気感の中に台湾の皆さんの優しさが満ち溢れていた。それが台湾の魅力、というより、一種の魔力だった気がします。あの頃はいまだ二・二八事件から続く白色テロ時代（後述）が庶民生活に重くのしかかっていた時代であり、そうした自らの困難な状況をおくびにも出さず、私たち日本人を心からもてなそうとする心情を思うと、今も切なく、胸が締めつけられる思いです」と。

こうして、風間氏も私と同様の思いをもって、七〇年、八〇年代の台湾と関わっていくのだった。

第三章　台湾全島を取材行脚

私の失業者同然のライター稼業も初の東南アジア取材を機にやっと好転し始めた。台湾にもう一度行きたいという願いを抱きながら二年ほど過ぎた頃、日本アジア航空（ＪＡＡ）の機内誌の取材という話が舞い込んだのだった。思いは通じるもので、まさに渡りに船の朗報だった。私は改めて、台湾と引き合わせてくれた山本氏に心から感謝したものだ。

ちなみに日本アジア航空は一九七二年の日中国交正常化と台湾断交に伴い、日本航空（ＪＡＬ）の台湾への乗り入れが禁止されたのを受けて、急遽、別会社として一九七五年に誕生した、台湾とを結ぶ唯一の国内航空である。その機内誌である『アジアエコー』（月刊）を製作するため、定期的に台湾の主要な観光地などを取材するという仕事だった。

機内誌である以上、台湾の魅力を伝えるきれいな写真がいのちなので、私は常にカメラマンと一緒に三ヶ月に一度、十日ほどの滞在で三ヶ月分の取材をしなければならない。台湾は一回だけのわずかな経験しかない自分に果たして台湾全土の取材などできるだろうかと不安だったが、現地取材には日本語の達者なベテランの台湾人ガイドが同行してくれたので、まずまずの取材行脚を始めることができた。

何より心強かったのが、ここで前述した風間氏と知り合えたことだ。風間氏は私よりひと足早く台湾に根を下ろし、前述したアジア旅行開発㈱（ＪＡＡの観光ツアーであるセンチュリーを企画販売）の台北駐在員としてすでに七七年から赴任していた。したがって私ども『アジアエコー』にとって風間氏は親会社ということで、誌面づくりの全般にわたってご指導いた

1975 年に就航した日本アジア航空台北支店で勤務する風間氏（右から３人目）

だいた次第。

その風間氏が最初にアドバイスしてくれたのが日本人観光客の客層の変化ということだった。言うなら、従来の男性天国・台湾の悪イメージから脱却して、これからは女性や家族連れ、ヤングにも好まれる台湾観光にしようというものだ。この考えから、当時のセンチュリーは「夫婦で台湾」や「ハネムーン台湾」、「女性のための台湾」といったキャンペーン活動を展開し、ＪＡＡも台北や高雄で「日本アジア航空プロ・アマ・ゴルフトーナメント」などを開催して、新しい客層の掘り起こしに力を注いでいた。

とくに「台湾でのゴルフ」は、台湾のイメージを変えるのに格好の観光資源だった。台湾ゴルフの人気は当時の駐在員のみならず、日本のゴルフファンの間でも評判になっており、何より日本の半額以下でプレーできるのが大きな魅力だった。八〇年代を迎えて台湾のゴルフ環境も一段と拡充し、日本でもおなじみの謝敏男プロや涂阿玉プロらを産んだ名門淡水ゴルフ場などに加えて、国際級ゴルフ場が次々と誕生中だった。加えて台湾は、当時すでにゴルフ用品の一大輸出国であり、ＯＥＭ方式（相手先商品生産）による世界の有名ブランドがこれまた日本の半値以下で買える〝ゴルフ天国〟であった。このため日本からも「週末ライフは台湾でゴルフ」というゴルフツアーが年々増えつつあった。とはいえ、「台湾でゴルフ」と言いながら、相も変わらず〝買春〟に走る者が多かった時代でもある。

もとより風間氏もこうした社の意向に大賛成だった。台北に赴任してからというもの、同胞の買春客を連日のようにガイドすることにいい加減うんざりしていたからだ。事実、八〇年代に入って日本からの観光客は年間六十万人を超えていたが、客層の大半はいまだそれ目的の男性客であり、風間氏ら現地スタッフは前述した新北投温泉に代わる場としてそれなりのキャバレーに案内しなければならなかった。こうした悪しき流れを変えるためにも私ども『アジアエコー』に対する期待が一段と高まっていたといえよう。

さて、肝心の取材の方だが、実際に台湾各地を歩いてみると、九州ほどの小さな島国とはいえ、見どころは思っていた以上に多いことがわかった。一五四四年、ポルトガル人が台湾海峡から初めて台湾を見たとき、その美しさから思わず「イラー・フォルモサ（うるわしの島）」と叫んだ通りの緑美しい観光スポットが全島の随所にみられた。台湾の中央部を南北に貫く中央山脈には、日本の富士山を超える玉山（三九五二メートル、日本時代の新高山《ニイタカヤマ》）を始め三〇〇〇メートル以上（二百座もある）の山々が変化に富んだ景勝地をつくり、さらに台北や高雄、台南、花蓮といった南国情緒あふれる街々が私たちを優しく迎えてくれる、まさに〝麗しの島〟だった。

「ニイタカヤマノボレ」と、日本人にも人気の玉山

ちなみに台湾最高峰の玉山は私たち日本人にとっても忘れがたい山（日本軍のハワイ真珠湾攻撃の際の暗号電文〝ニイタカヤマノボレ〟に使われた）だけに、登山愛好家なら誰もが一度は登ってみたい憧れの山である。この時期も入山許可さえあれば誰でも数人単位で登山できたので、多くの日本人がアタックしていた。玉山の主峰には阿里山経由で二泊三日で登頂でき、玉山ツツジが咲き誇る初夏が人気の登山シーズンだった。もとより私はニイタカヤマにノボレずじまいだったが。

また、この当時は現代のような新幹線が台北と高雄を九十分で結ぶ高速の時代とは違い、在来線を乗り継ぎながら、その土地土地の人情味や美味に感動し、のんびりとローカルな旅ができたのも大きな魅力だった。

当時は、車内で車掌らしき男性が大きなやかんを手に、客のコップ茶碗に手際よくお茶を注いでくれたり、甲高い声で「ベンタン、ベンタン」と弁当（ベントウではなくベンタンと聞こえた）を売り歩くサービスがみられた。その弁当もご飯の上に大きな排骨（揚げ豚肉）とゆで卵、少しの野菜がのっただけのシンプルなものだが、これが安くて（当時百円～百五十円）実にうまい。そして南部の水田地帯には車窓から水牛がのんびりと耕し歩く光景が見られた時代だった。

では八〇年代初頭の台北探訪から開始しよう。台北は台湾の政治、経済、文化の中心都市であるだけに、必見スポットだけでもとても一日で回り切れるものではなかった。

私が取材した主なものでは日本時代の総督府だった総統府や故蔣介石の偉業を記念して一九八〇年に完成した中正紀念堂、機械じかけのような衛兵の交代シーンが人気の忠烈祠をはじめ、龍山寺や孔子廟等の由緒ある古寺廟群、そしてノスタルジックな夜市など。ちょっと足を伸ばせば世界的な故宮博物院（中国五千年の歴史と文化の殿堂）もある。

また、観光スポットだけでなく、市民の暮らしぶりを紹介するのも必要かと、台北っ子に人気の西門町や士林、淡水などにもよく足を運んだ。なかでも西門町は今とはひと味違う、昔懐かしい映画街が広がっていて、印象深い街だった。

西門町は上野のアメ横のような中華商場（今はない）から縦貫線（鉄道）を越えたあたりにあって、休日ともなると映画好きな台北っ子たちで大変な賑わいだった。

私も八〇年代初頭に、北京語もわからないまま何度か映画館を覗いてみた。当時は時間、座席とも指定で、見たい作品は早めに切符を買わねばならなかった。また、映画が始まる前に国歌の演奏があり、全員が起立して国家に敬意を表す時代だった。

米国や香港からの外国ものが多く、国産ものはいたって少なかった。当時はいまだ〝中華民国〟の威光が強く、数少ない国産映画も当時の世相をユーモラスに皮肉るのが精一杯だった。一九八五年の中華民国台湾映画祭で日本にも紹介された「兒子的大玩偶」（坊やの人形）などは台湾の苦難の歴史を当局の目の許す範囲で描いた秀作だった。当時の台北はまだこんな感じだったのである。

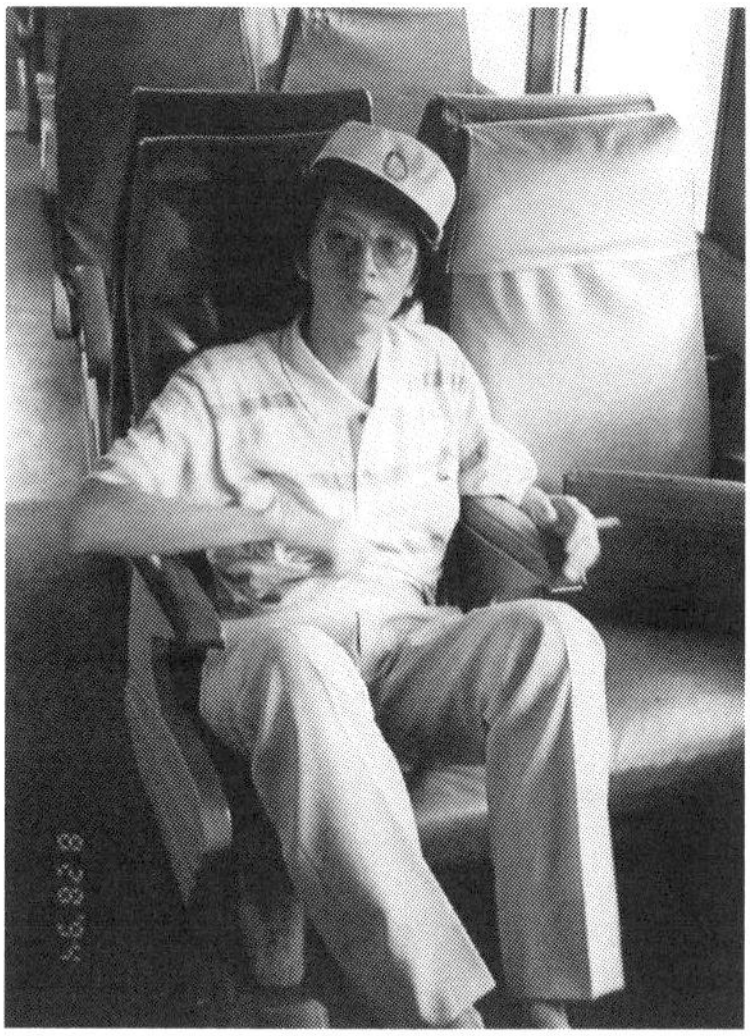
80年代、ローカル鉄道で全島を取材行脚する著者

続いて、取材に多くの時間を割いたのが中国料理だった。台湾観光を日本の女性や家族連れにより魅力あるものにするためにも料理は絶対不可欠な観光資源だった。しかも台湾は〝食在台湾〟と言われるくらい、本場の中国料理が一番の自慢なのである。

台北の食通街を歩けば〝中国五大菜〟と呼ばれる湖南、北京、上海、四川、広東の各料理はもちろん、雲南や山西、蒙古などの地方料理からグルメな揚州、潮州料理まで、大陸全土の料理がすべて揃う、まさにグルメ天国だった。

それもそのはずと、ガイド氏が低い声で教えてくれた。

「蒋介石が台湾に逃げてくる際、中国五千年の宝物と中国各地の名料理人、そして選りすぐりの美人を集めて軍艦で運んできた結果ですよ」とのこと。

これを聞いた私はすべてに合点がいくのだった。つまり、台湾に運んだ中国五千年の宝物が世界に誇る台北郊外の故宮博物院となり、選りすぐりの美人の血統が美しい台湾小姐となったこと、そして中国各地の腕自慢のコックたちによって本場の中国料理がすべて揃う〝食在台湾〟になったことなどがである。

さらにガイド氏が一段と声を低くして、「だから蒋介石と一緒にやってきた大陸各地出身の兵士は自分たちの郷土料理を食べることができ、毎日の食生活に不便を感じることがなかったのさ」と。

ガイド氏の説明はややブラックユーモアとはいえ、いかにも説得力があったので、私は以後、この〝予備知識〟を念頭に有名レストランの取材をした次第。

案の定、台北市内の有名、老舗料理店では◯◯省出身、△△省出身というオーナーやコックがそれぞれの誇りとこだわりを持って、自慢料理のウンチクを始めるのである。日本の女性はこの種の食談義がお好きなので、私も努めて聞き耳を立てることにした。

　例えば、食通なら一度は食したい満漢全席。満漢とは清朝の支配者である満州民族と被支配者である漢民族のことで、この両者の融和を願ってときの乾隆帝が考案したという。したがって満漢全席には両民族の最も得意とする料理技能と山海の珍味がすべて詰まっているというわけ。これを乾隆帝は三昼夜かけてたっぷりと召し上がったというから、さすが歴代皇帝随一の食通皇帝ではあった。

食通憧れの満漢全席

　この乾隆帝に限らず、中国の歴代皇帝はいずれも美食家であったらしく、清朝末期に権力を握った西太后も中国各地の名料理人を呼び寄せ、連日数百種の豪華メニューをつくらせたとのこと。そして晩年を迎えた西太后のために、周囲の者が気を利かせてその名も「枯木回春」という料理をつくった。それは小エビに脂ののった豚肉、鶏肉、クワイ、キクラゲなどを細かくつぶし、卵白と小麦粉を加えて円い形にして油で揚げた料理で、見るからに西太后の回春を願う、色とりどりの花々が一斉に咲き誇るものだった。しかし、西太后の回春は清朝の末路と同様、もはや望むべくもない夢物語になったことは歴史が示す通りである。こうした食にまつわるエピソードが聞けたのも〝食在台湾〟ならではであった。

しかし取材に明け暮れる私らには豪華な中国料理を食べる時間も旅費もなく、ほとんど街角の屋台や夜市で済ませていた。といって台湾はたかが屋台ではない。文字通り、安くて早くて、何より旨いのである。それに屋台街では食欲旺盛な台湾庶民の姿がじかに見られ、そうした皆さんと裸電球の下で乾杯し合うのも旅の醍醐味というもの。実際、初めて訪ねた街々で立ち食い同然に食べた〝小吃〟(庶民の小料理)に思わず舌を巻くことがある。個人的な好みとはいえ、私はそうした美味がその街の観光をより思い出深いものにするはずと、『アジアエコー』にもすすんで紹介した。では、当時の私が舌を巻いた主な名物小吃をご紹介すると、まずは台南の担仔麵。今でこそ日本でもすっかりおなじみだが、当時の私にはまったくの初物だった。確か市内中正路にあった「度小月」で食べたものだった。日本のわんこそばみたいで、小振りのお椀に小エビやモヤシ、香菜(パセリ)、肉のそぼろなどがちょこんとのった可愛らしいソバだった。その美味しさに少食な私も思わず一杯(当時八十円ほど)、また一杯と平らげたことを憶えている。台南では「黒橋牌」の腸詰めと「再発号」のチマキも絶品だった。

続いては新竹の米粉と貢丸。米粉は当時から台湾のどこでも食べられたが、やはり新竹で食べたものがダントツにうまかった。それは新竹に年中吹く強い偏西風が麵をよく乾燥させ、こしの強い麵をつくるからとのことだった。私はこれ以来、新竹の米粉が忘れがたく、今も東京に出たときは御徒町の「新竹」で懐かしい味を愉しんでいる。もう一つの貢丸はいわゆる肉団子入りスープのこと。一般の家庭でも暑い盛りになると、このスープをつくって夏バテ予防にすると聞いた。私も台湾の暑さと取材でバテ気味になったとき、栄養満点のスープで元気になったことを思い出す。そして極めつけは豚足だった。日本では沖縄産が有名だが、台湾では南部の屏東で食べた豚足が極上だった。そのあまりの美味にわけを聞くと、日本時代に市場で細々とそば屋をしていた林海鴻という人が戦後店の経営が一段と苦しくなったとき、客の一人から教えられたものだった。それは屏東の豚を使った料理だった。屏東の豚は脂が少なく肉が多いため、きっと美味しい豚足ができるに違いないと。客は「ただし、豚足は前足に限る」と言って、煮込み方からタレの作り方まで詳しく伝授した。林さんは早速「紅焼猪脚」（豚足のしょう油煮）の新メニューを出したところ、これがたちまち大評判になったそうな。林さんはその後そば作りをやめ、豚足一筋に頑張ることとなった。私が当時食べたのも林さんの店だったと記憶する。閑話休題。

台湾での食事はほとんど屋台だった

　そんな屋台街も八〇年に入ると急速な都市化で減少傾向にあった。屋台や夜市が最もよく似合うはずの古都・台南などでは数年前から街角の屋台を整理して数か所にまとめてしまうといった無粋なクリーン作戦を展開中だった。このため、食いしん坊の台北っ子などはやむなく士林を越えて基隆の夜市まで遠出するほどだった。

私がよく食べに行った圓環（通称〝マル公園〟と呼ぶフードセンター、今はない）も当時すでに数店のみの営業という寂れようだった。もう一つ、よく足を運んだ龍山寺の屋台街にも区画整備の波が押し寄せていた。とくに私は龍山寺の屋台で食べるガチョウの肉が大好物で、台北滞在中は必ず一回は飲みに、いや食べに行ったものだ。

ガチョウの肉というと骨が多くて筋っぽいと思われがちだが、どっこい、ここのガチョウに限っては実にまろやかで、適度に弾力もあって一度食べたら病みつきになること受け合いだった。それに、ガチョウ然とした（失礼）女将さんが妙に魅力的だったことも付け加えたい。ともあれ、ガチョウを肴に台湾ビールをぐいっと飲むのが当時の私の台北流ストレス解消法であった。

ストレスといえば、夜の部の取材不足だったことがある。『アジアエコー』では政治的なことやダークな夜の部のことはご法度なので、その方面の取材は極力控えていた。が、取材記者としてはやはり片手落ちと思い、ある夜、いつものガイド氏にお願いして、カメラマンと一緒に林森北路に初アタックを試みた。

ガイド氏は日本人観光客の夜の部も引き受けていたので、ネオン街にはよほど顔がきくらしく、私はすっかりおんぶにだっこだった。

そのガイド氏によると、八〇年代初頭の台北のネオン街は新北投温泉の消灯を機に日本人観光客が大挙して押し寄せるようになったとのこと。その結果、市内のホテル、旅社はもとより、酒家（キャバレー）クラブ、咖啡庁（一見、喫茶店）、理髪庁（いわゆる床屋）果ては小さな土産店、服装店に至るまで、客の望み次第でたちまち〝売春の舞台〟となる状況だった。

そうとは知らぬ日本人客が洗髪とマッサージをお願いしようと観光理髪庁を訪ねたところ、女性店員からいきなり「アナタ、スペシャル（売春）デスカ」と言われて大いに面食らったという笑い話が多く聞かれたのもこの頃のことである。

さて、私どもが向かったクラブは林森北路でも〝日本人ゾーン〟と呼ばれた一角の地下にあった。林森北路でも北にいくと、アメリカ人（ベトナム戦争帰りの米兵も結構いた）やドイツ人相手のクラブが多くなり、しっかりと〝棲み分け〟されていた。

ともあれ、店内に入ると、確かに裏社会を思わせる独特の雰囲気が漂い、その薄暗い照明の中から次々とホステスが接待しにやってくる。しかも、いずれ劣らぬ美人揃いである。改めて「蔣介石が美人を台湾に運んできた」というガイド氏の〝ご高説〟が納得できた次第。ホステスは全員が胸元に白いスパンコールが入った黒地のチャイナドレスを着て、大きく割れたスリットからは白い太腿がむき出しである。加えて彼女らの片言の日本語が妙に欲情を誘ってくる。そこへ、マネージャーらしき男性店員が擦り寄ってきて、日本語で「当店は二十四歳以下の若く、美しい小姐が心からのサービスをします」と、意味シンな含み笑いを投げてくるのだった。

奥のステージでは我が同胞たちがマイクを奪い合うようにカラオケに興じていた。

〽きめた　きめた
おまえと　みちずれに……。

その一方では、今宵の交渉が決まったカップルたちが早々と連れ立っていく。私どもはといえば、積極的にアタックしてくるホステスを適当にあしらいながら、スイカの種やバナナ、乾し肉などの台湾式オードブルをつまんでいた。

そのときだった。隣で接待していたホステスたちがぱっと席を立っていくのだった。私は、夜の交渉に少しも応じようとしないことにホステスからてっきり愛想を尽かされたと思いきや、ガイド氏が平然と曰く「いつもの警察の臨検（見回り）ですよ。警察には店の方で場代（つまりワイロ）を払うはずですから何の心配もいりません」とのこと。

半ば公然のクラブ営業とはいえ、この当時のクラブはいまだ〝臨検〟の対象だったのである。

結局、私どもはこの臨検をいい潮時とみて店を出ることにした。わずか一時間ほどのクラブ体験だったが、日本人客を吸い寄せる男性天国の一端がわかっただけでも大きな収穫だった。

第四章　歳月を越えて、「日本」が生き続ける

『アジアエコー』の取材も三年ほどが過ぎて、改めて思ったことは取材の先々で多くの日本と出会うことだった。それも、日本時代の建物がただ残っているだけでなく、ふだんの街なかに日本時代の空気感がなお息づいていることだ。台湾のひと、特に年輩者にとって戦後四十年ほど経っても日本はけっして遠くなっていないのである。

八〇年代初頭の街なかには畳屋や瓦屋が昔のままに営業しているところがあり、思わず「日本人がいなくなって、商売は上がったりでは？」と聞くと、「商売は昔ほどではないが、それでも年輩者（日本語世代）などは今もマイホームを建てるとき、少なくても一室は日本式の畳部屋をつくるほどですから。寒くもないのに日本のコタツに入らないと、どうにも落ち着かないと言ってね（笑）」と言い、台北駅近くで日本時代から営業を続ける「林田桶店」も「商売は青息吐息ですが、戦前からご贔屓の日本人が来台の折に懐かしく思って訪ねてくださるので、私の目の黒いうちは絶対に店を閉めませんよ」という具合。

また、この当時増え始めた日本料理店や居酒屋にも、日本人駐在員より日本の味が恋しいという台湾人の方が多かった。

この時代、「日本」や「台湾」的なことはタブーという政治の壁が依然続いていたとはいえ、台湾人の方からも少しずつ日本時代のことを話してくれるようになっていた。

そこで私は『アジアエコー』でたとえボツになろうと努めて台湾の皆さんの生の声を聞くことにした。初回の訪台で積み残した親日感情の正体を掴むためにである。

日本時代の総督府・現総統府

そうしたとき、またまた風間氏から心強いアドバイスをいただいた。

「同じ観光地でも日本時代と対比しながら取材すると、もう少し深みのある記事が書けるのでは」というものだった。

まさに私が思っていた通りの、しかもれっきとした台北駐在員からのアドバイスということで俄然取材に熱が入るのだった。

例えば台北の観光で日本人が必ず訪れる総統府周辺。日本時代は文武町と呼ばれ、総督府を中心に総督官邸、高等法院、放送局、第一高女、附属小、気象台等がある、今と同じく官庁街だった。近くの中正紀念堂も旧歩兵第一連隊の営舎跡だった。

日本時代の文武町については、当時附属小から第一高女に通った佐藤圭子さんから九〇年代に入って聞くことができた。佐藤さんは

「父と母が昭和二年に結婚し、新婚旅行が台湾赴任でした。私はその翌年台北で生まれた生粋の湾生です」という人。したがって佐藤さんの文武町の思い出は学生時代のことだった。「附属小の狭い校庭には鳳凰木があって、赤い花がパアッと咲いたのを印象深く覚えています。一高女時代には戦争に巻き込まれ、特攻隊のために真っ白な布団を作ってあげたりしてました」と。

そんな湾生にとって思い出深いのが新公園。さしずめ東京の日比谷公園。明治末に円山公園につづく〝新公園〟として開園し、戦後もずっとそのままだったが、一九九六年から二・二八事件（後述）を記念して二二八和平公園へと変わってしまった。しかし湾生には今も〝新公園〟として、台湾始政四十周年を記念して昭和十年に開催された「台湾博覧会」（台北市公会堂と新公園を会場に五十日開催され、当時の台湾全人口の約半数が入場したという）などを懐かしく思い出す。

また、中心街の中山北路も日本時代は北の台湾神社（明治三十三年創建）へとつづく勅使街道（一般に御成街道、宮前通りとも）として、祝賀行事のたびに市民の長い参拝行列が見られたところ。学生たちにとっては、台湾神社に向かってまっすぐ伸びる広い街道（明治末に後藤民生長官が拡幅。後述）は絶好のマラソンコースでもあった。「毎月、大詔奉戴日の前夜には母校の台北一中から台湾神社までの往復マラソンを競ったものですよ」とは台北一中時代に〝オーエンス〟の愛称で活躍した林彦卿氏（後述）の回顧談（八五年当時）である。その台湾神社（戦争末期に焼失）の跡地に今は中国宮殿式の豪華ホテル、圓山大飯店がそびえる。

台北郊外では今も昔も陽明山や北投、淡水あたりが人気の街である。日本時代にはちょっと遠出する距離感だったが、現在はＭＲＴ（新都市交通）のお陰で、いずれも三、四十分ほどで行ける。しかし私が『アジアエコー』で取材した頃はまだ淡水線（台北～淡水、一九八八年廃止）が唯一の交通の便だった。

陽明山は日本時代は草山と呼ばれ、手頃な避暑地として親しまれた。台北から一番近いとはいえ、日本時代は淡水線の汽動車に揺られ、轎（駕）に揺られて山を登る、半日がかりのけっこうな旅だった。戦争が激しくなると市民の疎開先ともなった。

次の新北投は淡水線の北投から支線で一・二キロ。前述したように戦後の一時期は日本からの買春天国という汚名を着せられたが、戦前は〝台湾の熱海〟と称せられる、風情ある温泉郷だった。昭和天皇も摂政宮のときお訪れになられたことがある。私が八〇年代初頭に訪れた頃はまだ日本時代からの温泉旅館「瀧乃湯」や「星乃湯」などが残っていた。また、私が訪ねたのが、売春の灯が消えてほどないこともあって、栄華の跡の残り香が街全体に漂っている感じだった。かつて多忙を極めた、いわゆる〝売春ホテル〟も心なしか寂しく見えたが、一歩ホテル内に入ると、兵《つわもの》たち（日本の買春客）の武勇伝が山ほど聞こえてくるのだった。私はそのうちの某ホテルで支配人らしき年配の男性から同胞の武勇伝を聞くことができた。「時代の流れで仕方ありませんが、新北投はすっかり寂しくなりました。七〇年代は連日小姐（売春婦）の手配が追いつかないほどでしたから」と。話によると、新北投が戦後再び賑わうようになったのは六〇年代の後半。当時のエコノミックアニマルたちが台北とは一味違ったひと夜を新北投に求めたのが始まりとのこと。そこでは女工出の芸妓や貧しい村娘が日本人客の座敷で毎夜〝裸踊り〟のサービスをしたという。「当時はそれなりの温泉情緒があったんですよ」と支配人氏。それが七〇年代に入ると、日本からの買春ツアーが一挙に大規模化、組織化され、従来の売春形態ではとても間に合わなくなり、常時数百人の売春婦を抱えるホテルが林立するようになったというのだ。「それでも足りないときは近くの台北や淡水からバイクやトラックで臨時の私娼をかき集めたものです」と。最盛期の売春婦は北投に約一万人、淡水に二千人、台北には十万人もいたという。「新北投はまさに兵どもの夢の跡ですよ（笑）」とは、支配人氏の実感だった。現在は高層の温泉ホテルもでき、健全な温泉保養地として賑わっている。

北投の次は風光明媚な淡水の街へ。日本人観光客にも名門の淡水ゴルフ場（前述）や美しい古城（十七世紀にスペイン人が築いた紅毛城など）、そしてロマンチックな夕景が自慢の港町としておなじみだ。

日本時代も淡水河口に望む夕景は台湾八景の一つとして、日本から画家がはるばる写生に来るほどの人気スポットだった。前述した「台湾博覧会」が開催された昭和十年代当時には淡水河畔に一千人ほどの日本人が住み、そうした官舎、民家、料亭などが八〇年代にはまだ多く見られた。現在も週末ともなると、〝淡水夕景〟を見に、また近くにできたテレサ・テンの墓参りも兼ねて台北っ子が押し寄せてくる。

台北から特急で二時間（今なら新幹線で約一時間）で台湾中部の中心都市・台中に着く。駅を出るや、トロピカルフルーツの甘い香りに包まれ、ここが台湾バナナの本場であることを実感する。振り返れば、バロック式の優雅な駅舎がそびえ、台中着早々、かつての小京都が歓迎してくれるかのようだ。この駅舎は大正六年（一九一七年）に完成し、今や鉄道ファンの垂涎の的である。日本時代を知る者には、今日の縦貫鉄道が開通した明治四十一年（一九〇八年）十月、台北でも高雄でもなく、ここ台中駅で開通式典が盛大に開催されたことを誇らしげに思い出すことだろう。

台中はもともと清朝時代の城下町だった。ときの台湾巡撫の劉銘傳が台中を台湾省都にすることを決め、大がかりな城門と城壁で「省城」を造ったことによる。台中の今に残る城下町風情はその名残である。

日本時代になって市の中心部には官舎、公舎等が次々と建設され、また前述の縦貫線開通によって街が急速に造られていく。大正元年から京都の碁盤の目のような整然とした街づくりが始まり、大正九年に台中州台中市が誕生したときは「台湾で最もモダンな小京都」と謳われるまでに。さらに台中を発展させた大きな要因として台湾一肥沃な台中平野がある。その台中平野から生まれた「蓬莱米」（後述）は当時画期的な品種としてその名を轟かせ、台湾人のみならず、戦時下の食糧難にあった内地（日本）をもどんなにか潤したものだ。

台中はこうして、蓬莱米やバナナ、サトウキビなどの集散地として発展をつづけ、昭和十年（一九三五年）には人口約七万人（現在約二百八十万人）の近代都市に成長した。当時の市街は緑川と柳川が風情ある街を流れ、両川にはさまれた台中銀座のすずらん通りなどは日本人客でにぎわい、なかでも台中座は一大娯楽場だった。今も大和村（現民権路と向上路が交差するあたり）などに行くと、往時の日本人住宅街を彷彿とさせる街並みが残る。

台中はまた日月潭など中部台湾観光の拠点でもある。一九六〇年に台湾中央山脈を横断する東西横貫公路が開通してからは日本よりも高い三千メートル級の山々を求めて内外の観光客が大挙して繰り出すようになった。しかし、途中の山々には日本との悲しい思い出を秘めていた。

実は私は後年（平成十年頃）、東京で霧社会の世話役だった四倉富重夫氏（当時宮城県在住）とお会いし、そこで霧社会の存在を初めて知ることができた。それまで霧社会のことは人伝えに知ってはいたが、その暗いイメージから私自身敬遠していたからだ。

霧社会の暗いイメージとは言うまでもなく、日本時代最大の悲劇である「霧社事件」（昭和五年十月、日本統治に反対する霧社の先住民タイヤル族と日本の鎮圧隊が衝突、日本軍民三百余人、タイヤル族九百余人が犠牲となった）のことであり、霧社会はその暗い過去をずっと引きずっていると思っていたからだ。

四倉氏によると、霧社会は昭和五十一年、林光明（下山一）氏の戦後初来日を機に霧社ゆかりの者が集い、横浜で第一回の霧社会を開催したのが始まりとのこと。下山氏は警察官だった父下山治平と母ピッコタウレ（マレッパ社頭目の娘）の長男として大正三年に生まれ、戦後兄弟全員が日本へ引き揚げていくなか、一人母の介護のために台湾に残ったのだ。父下山氏は明治末から大正初期にかけて霧社の山々を拠点に激しく抵抗するタイヤル族を懐柔するため日本の警察官と各蕃社の頭目の娘とを結婚させるという〝政策結婚第一号〟となっただけに、一家の動向は当時の注目の的となった。

長男の一氏はその後日本女性と結婚、次男の宏氏と次女静子さんは前述の四倉氏の母の仲人により、同じく頭目の娘と結婚した佐塚警部（霧社地区の責任者）の次女、長男とそれぞれ結婚した。なお佐塚警部は霧社事件で戦死した。

こうした経緯から霧社会はその後東京や台湾（霧社）で毎年一回旧交を温め合う集いを続けた。台湾では埔里に住む一氏や高彩雲さん（日本人巡査として兄花岡一郎とともに霧社事件で自害した花岡二郎の妻で、日本名花岡初子。霧社近くの廬山温泉でホテルを経営していたが平成八年に死亡）らが接待役となって座を盛り上げた。また霧社は映画『サヨンの鐘』（後述）のロケ地ともなったことから、サヨン役を演じた山口淑子さん（李香蘭）も霧社会の特別会員になってくれたという。

しかし現在は下山一氏、宏氏、高彩雲さんら生き証人が次々と亡くなり、日本から霧社を訪ねる足も年々遠のくばかりである。しかし私たち観光客には台中から霧社への旅はずっと手軽になった。日本時代は台中から集々線で水里まで行き、そこから数時間台車に揺られ、さらに険しい山道を歩かねばならなかった。それが今では台中から埔里経由の定期バスで二時間ほどで着く。

霧社の町では旧高砂族と台湾人たちが霧社事件の暗いイメージを打ち消すように温かく迎えてくれる。そして町の高台に建つ霧社事件の記念碑へと快く案内してくれる。そこには霧社事件の抗日リーダー、モーナルダオの墓がある……。

台湾の街々を初めて訪ねる中で、「日本」との思わぬ出会いに複雑な気持ちになることも多い。台中から山とは反対側、台湾海峡に向かう途中に立ち寄った彰化と鹿港がそんな街だった。

彰化では台湾に残留する日本人妻数人と偶然会うことができた。彼女たちは戦前に台湾に嫁いだ者ばかりで、私がお会いした頃は老いの寂しさから彰化に住む同じ境遇同士で定期的な会合を楽しんでいるところだった。

その彼女たちが、かつて彰化神社があったという八卦山に案内してくれた。山頂には戦後になって巨大な大仏が造られ、彰化一の観光スポットになっていた。しかし、八卦山こそ日本軍への抵抗のシンボルの山だったという。

明治二十八年（一八九五年）北白川宮能久親王の率いる日本軍は台北から今日の縦貫鉄道に

沿って南下し、進軍の先々で現地の義勇軍による激しい抵抗を受けた。同年八月、彰化の義勇軍は八卦山にこもって日本軍を迎え撃ち、このとき数千人にのぼる死傷者を出したという。緑深い山頂には今も八卦山争奪戦の碑が建つ。

しかし日本人妻たちは「彰化の人たちは戦後も私たち日本人を虐待することなく、台湾語を喋れない私たちに優しく接してくれた」というのである。

彰化は清朝時代からの由緒ある街だけに、住民の誇り高い気質が日本軍への激しい抵抗となったに違いない。台湾海峡沿いの街は中国大陸からの移民が最初に住み始めたところなので、自分の街に対する誇りとこだわりが台湾の中でも特に強い地域である。次に尋ねる鹿港、そして台南の街はそうした住民気質が色濃く残る典型的な街だった。

鹿港は彰化からバスで三十分ほどの台湾海峡沿いにあった。かつては台南と並んで「一府・二鹿・三艋舺」（一に台南府、二に鹿港、三に台北の萬華）と、その繁栄を誇った古都である。鹿港の歴史と伝統は今も頑固に受け継がれ、全島的に有名なドラゴンボートレースなどの端午節行事も唐代の流儀そのままに実施するほど。

そんな鹿港人の自尊心を踏みにじろうとする日本軍に住民が頑強に抵抗したことは言うまでもない。鹿港市民は街のシンボルの龍山寺（現在、国家第一級古跡）を拠点に日本軍に敢然と立ち向かったのだった。

しかし鹿港では住民気質のもう一つの側面を知ることとなった。それは清朝時代からの貴重な生活資料を展示する鹿港民俗文物館を訪ねたときのこと。実はこのルネッサンス式の豪華な文物館はかの実業家、辜顕栄氏（塩の売買等で大富豪となった）の邸宅跡であったのだ。

辜顕栄といえば一八九五年六月、台湾平定のため基隆から進軍してきた日本軍を台北城（清朝時代に築かれ、現在も一部城門が残る）内に〝無血入城〟させた人物として知られる。辜氏は当時、一部から〝台奸第一号〟と批判されながらも、無政府状態にあった台北市民を流血から守るため、我が身を省みることなく敵の日本軍に乗り込んで事態の打開に努めたのだった。その勇気ある行動は頑固一徹な鹿港気質のもう一つの表われのように思えてならない。辜氏は日本の領台後も、日本と結ぶことで台湾も共に繁栄の道を歩むものと信じ、行動し、一九三四年には台湾人で最初の貴族院議員となった人である。ちなみに戦後の台湾を代表する財界人として活躍された辜振甫氏は顕栄氏の次男である。

こうして、私の彰化から鹿港への旅は「日本」をもう一度問い直す旅となったのだった。

次いで台湾第二の都市、高雄へ。高雄の観光といえば、それまでは南国旅情が魅力の愛河やユーモラスな竜虎塔のある蓮池潭等を観光して、新鮮な海鮮料理に舌鼓を打つくらいだったが、日本時代を知ることで俄然親日感が湧いてくる。戦前は砂糖の積み出し港、戦時中は南進する日本海軍の一大拠点であったと。私の父（政男）も海軍の無線係として何度か高雄港に寄港し、そのときの壮観な帝国艦隊のことをいつも得意げに語るのだった。日本が領台した頃の高雄は見渡す限りの塩田が広がる静かな漁村だった。それが明治三十三年（一九〇〇年）に高雄郊外の橋仔頭（現・橋頭郷）に台湾製糖の第一号工場が操業を開始すると、街は砂糖の積み出し港へと一変する。高雄の古老は今でも「もしあのとき、台湾製糖の砂糖を高雄ではなく台南に運んでいたら、高雄の今日の発展はなかった」という。これ以後、高雄港は本格的な築港と埋め立てが始まり、明治四十一年には打狗停車場（旧高雄駅）が完成し、いわゆる〝浜線〟が港まで走るようになった。この〝浜線〟が地元で親しまれ、今日に至る〝哈瑪星《ハマセン》〟という地名になったとのこと。ちなみに日本時代を象徴する高雄駅舎（昭和十六年、日本の清水組が建設）は私が『アジアエコー』で取材した頃はまだ現役だったが、現在は鉄道歴史博物館として、将来新駅舎に結合される予定という。高雄観光のハイライトである寿山公園も往時の

南国旅情募る高雄の愛河

日本の子供たちの格好の遊び場だった。その寿山の麓から高雄港にかけてが当時の日本人居住地で、常設の映画館「高雄劇場」や五階建てデパート「吉井」（今はない）が賑わう活気ある港町だったという。そして土地の年輩者が物知り顔で「寿山はネ、昭和天皇が摂政宮のとき登られたのを記念して、おめでたい山〝コトブキヤマ〟と命名したんですヨ」という具合い。

つづく台南は台湾四百年の歴史を秘める、南国情緒豊かな古都の街。日本人観光客には近松門左衛門作『国性爺合戦』の主人公、鄭成功が活躍した舞台として身近な観光地である。私も台南には何度か訪れ、街の古老に会うたびに日本時代のことを尋ねた。いずれも「政治の話は抜きにして」と前置きして教えてくれたことによると、当時の日本人街は現在の台南駅から伸びる中正路が〝台南銀座〟と呼ばれる一番の商店街で、六階建ての林デパート（今も建物は現役のみやげ店として使われ、屋上には日本時代の神社もある）にはいつも内地からの衣料品や日常雑貨があふれていたとのこと。商店街の裏には台南の地で死亡した北白川宮を祀る台南神社があったという。当時、台南一の娯楽場だった宮古座も私が取材したときはすでに取り壊されていて、跡地に映画館が建っていた。ただ当時の日本人の日常を感じさせる西門市場の一部が残っていた。そんな台南銀座の今昔を伝える街があるといって古老が案内してくれたのが、その名も「沙卡里巴」（今もサカリバ）だった。この頃はさすがに往時の〝盛り場〟の活気はなく、わずか数軒が昔の味を頑固に守っているように見えた。私はそこで食べた「棺材板」という、なんとも気味の悪いネーミングの味が今も口に残る。確か一つが三十元（約百二十円）だったと思う。

高雄や台南を後に、一路最南端のガランピ岬に向かったときのこと。途中の屏東で、かつて製糖工場の軽便鉄道がサトウキビ畑を縦横に走っていたこと。戦時中は屏東飛行場が日本一の滑走路を誇っていた、といった話が途切れ途切れ耳に飛び込んでくるのだった。

屏東は戦後も日本との関係を続け、なかでも日本向け小豆や玉葱などの農産物を多く生産することから、一時、日本のもう一つの県といわれたほどである。

屏東からさらに南下すると、台湾四大温泉の一つで日本時代からの名湯、四重渓温泉がある。四重渓温泉では昭和天皇の弟君、高松宮殿下が新婚旅行で宿泊したという旧山口旅館を訪ねた。山口旅館は質素ながら風情ある日本家屋で、私が訪ねた八〇年代半ばには清泉山荘（旅社）として健在だった。

鄭成功の画像

四重渓ではもう一つ、日本との関わりのある〝牡丹社事件〟の跡を訪ねた。四重渓の河口、現在の車城郷に「大日本琉球藩民五十四名之墓」がある。明治四年（一八七一年）十月、宮古島を出た沖縄船が台湾南部に漂着し、六十六名が上陸したうち五十四名が先住民のパイワン族によって馘首された。その慰霊碑である。

建碑したのは西郷従道陸軍中将。西郷中将は明治七年五月、同事件の加害者であるパイワン族征討のため台湾出兵を指揮し、車城から四重渓、石門へと進軍した。その中には後の台湾総督となる樺山資紀少佐（第一代総督）や佐久間左馬太中佐（第五代総督）らがおり、特に石門の戦いにおいて佐久間中佐が裸に帯を締めて斬り込んだ活躍は〝佐久間抜刀隊〟として後世の語り草になったほど。その佐久間中佐が第五代総督となって〝タロコ大討伐〟（後述）を敢行したのだった。日本の征討隊は同年六月二日、パイワン族の本拠の牡丹社を鎮圧し、沖縄の尊い御霊のため前述の墓標を建てたものだ。

これが世にいう〝牡丹社事件〟であるが、最近になってもその後日談がつづく。花蓮出身の湾生、山口政治氏（後述）によると、同事件の子孫同士が百三十年ぶりに強い絆で結ばれたというのである。同事件の沖縄側の犠牲者の頭職、中宗根玄安の五代目の子孫、中宗根玄吉氏（医師）は、現地に沖縄の犠牲者の墓標が立派に建てられているのに先住民の墓がないのはおかしいと、戦後半世紀が過ぎた頃、自費百万円を携えて旧牡丹社を訪ね、先住民の犠牲者に手厚く弔意を表した。このことを聞いた当時国会議員の華愛さん（事件当時の牡丹社の大頭目、タリグ・グジャンの五代目の子孫）が平成十四年、大分に住む玄吉氏をはるばる訪ね、両者が固い握手を交わしたという。台湾の南の果てにも「日本」が脈々と生きているのである。

そして、ガランピン灯台に着くと、戦時中に多くの日本の輸送船が沈んだ〝魔のバシー海

南台湾では陽気なパイワン族が待っていた

峡〟が目の前に広がるのだった。ガランピ灯台のある墾丁をぐるりと太平洋岸へと回れば台東や花蓮を中心に東台湾の変化に富んだ景勝地がつづく。

　私が初めて台東を訪れたのは八〇年代半ばのこと。当時はまだ南廻線（枋寮〜台東）が開通してなくて、僅か北の花蓮から列車で三時間ほどかけて着いたと記憶している。台東は台湾の中でも高砂族（先住民）が多く住む、最もローカルな街との予備知識通り、台北や高雄の大都市とはまるで違う、どこかほっとする街並みが広がっていた。そんな素朴な街並みと人情味に惹かれて日本人の観光客も増え始め、台東を起点に日本時代からの名湯知本温泉や先住民族ヤミ族が住む蘭嶼島などへの観光が人気になっていた。私は台東のようなローカルな街にこそ「日本」が多く残っているに違いないと街歩きを始めたところ、三十分もしないうちに日本式の家屋をそこかしこに認めることができた。私とほぼ同じ時期に台東を訪ねた湾生の小野駿一郎氏（後述、当時栃木県鹿沼市在住）も「懐かしい日本」との再会に感動した一人。「私が訪ねたときは新町にあった我が家も健在でしたし、小学校は駅前の市場に変わっていたが、講堂が一部残っていた。台東神社のあった鯉魚山も当時の風情を残し、湧き水を利用して造った天然のプールも当時のままです。何より、小学校の同級生をはじめ、高砂族の皆さんが日本語を忘れずに温かく迎えてくれたことが嬉しかった」と。事実、私も台東郊外の高砂族の村々を訪ねると、「日本人は古い友人」といって、村の長老たちがすぐにも酒盛りを始め、日本時代の懐メロを歌い出す始末だった。

台湾の主な観光地の中で台東と同様に八〇年代初頭から日本時代のことを比較的抵抗なく話してくれたのが花蓮の街だった。それは日本人と台湾人、高砂族（先住民）の三者が一致結束して開拓したことを住民が身体で覚えているからと私は判断した。今でこそ大理石の断崖絶壁で有名な太魯閣峡谷や先住民アミ族の歌舞ショーなどで東台湾を代表する観光地であるが、日本が領台した頃の花蓮は人跡未踏の化外の地であった。この地に住み始めた日本の移民が高砂族との反目を超え、マラリアなどの風土病を克服しながら今日の花蓮を築いた歴史を現地の皆さんが戦後もずっと共有していることが今に至る親日感情になっていると。しかし、こうした苦労話を湾生や台湾の日本語世代の皆さんから気軽に聞けるようになるのは

日本人観光客に人気のアミ族の歌舞ショー

九〇年に入ってからだった（後述）。

八〇年代半ばにかけて、私が足繁く訪ねたのが基隆の街だった。不思議と訪ねるたびに雨に見舞われたことを覚えている。雨の多い港町という予備知識はあったものの、私には日本人が台湾に最後の別れを告げた〝涙雨〟と思えて仕方なかった。

昭和二十年八月の終戦、そして十二月から当時台湾にいた約五十万の日本軍民が、一部の留用者を除いて、ここ基隆港から着の身着のまま引き揚げたのである。多くの湾生が今もその引き揚げの日を鮮やかに思い出す。ある者は「埠頭倉庫で眠れぬ夜を送りながら引き揚げ船を待っていた」ことを、またある者は「乗船の際、厳しい荷物検査をされる自分たちを台湾の友人、知人たちが心配げに、いつまでも別れを惜しんでくれた」ことを。

とりわけ基隆に生まれ育った者には基隆のあの山、あの砂浜の一つ一つが青春の一コマとなって今なお狂おしいまでの郷愁を覚えるはず。そんな郷愁にかきたてられ、基隆っ子が再び台湾を訪れるとき、あえて〝船〟にこだわるのもよく理解できようというもの。

当時、京都にお住まいの原寛さんも基隆との四十年ぶりの再会を沖縄から飛竜号で果たした一人だった。船がアジンコート（灯台）を過ぎ、懐かしい金瓜石（日本時代に東洋一の規模を誇った鉱山。映画『悲情城市』のロケ地となり話題に—後述）や基隆と八斗子などが次々と見えてくるや、涙があふれて仕方がなかったという。その原氏も平成十四年に逝去し、往時を知る基隆っ子は無情にも姿を消そうとしている。

日本時代の基隆は〝内台航路〟の拠点港として、また縦貫線と宣蘭線の起点として発展した。日本人が多く住んだという〝小基隆〟は港の東側から八尺門（浜町）、大沙湾（真砂町）、三沙湾、現在の博愛川にあたる哨船頭、田寮港まで。なかでも哨船頭は新しく日新町と義重町に別れて、当時の基隆を代表する商店街になった。基隆出身の湾生は今も「基隆かるた」の中で〝鈴蘭のトンネル義重町〟と歌ってやまない思い出の街である。

そんな思い出の街も、私が訪ねたときは往時の足跡を探すのにひと苦労するほどの変わりようだった。基隆駅から基隆神社（現・忠烈祠）へと歩いてもかつての風情はなく、基隆っ子が鞍馬天狗や国定忠治の上映を心待ちにした基隆座も、病気のときにお世話になった猪股病院もすでにない。日本人町を象徴する前述の義重町も当時の建物はほとんどなく、わずかに旧松本かまぼこ店や旧岸田呉服店（明治の末、岸田前首相の曽祖父・岸田幾太郎氏が経営していた）の面影が残るくらいだった。

しかし建物はなくなっても「日本」はしっかりと、しかも元気よく残っていた。私の基隆取材の案内役を快く買って出てくれた基隆在住の蔡英清氏がそのひと。いつも日進小時代に覚えた「基隆市歌」を口ずさみながら、ヨッシャとばかり、基隆の今昔を喜んで案内してくれたひとだった。蔡氏は当時すでに六十代後半だったので、今は亡くなっているかもしれない。改めて蔡氏が好んで歌った「基隆市歌」をご紹介しよう。

〽天然なせる良港に
人の工《たくみ》の加わりて
高砂島の関門と
千船百船入りつどう
恵みたゆき我が基隆市……

ところで、日本時代と対比しながら台湾各地の取材を続けていく中で時に高く、時に低く聞こえてきたのが台湾の皆さんの日本に寄せる数多くの美談であり、エピソードであった。中でも印象に残ったのが、湾生の皆さんが「自分たちの恩人」と言って、日本の功績者の記念碑や銅像までつくって密かに祀り続けていることだった（後述）。

あえて〝密かに〟と言ったのは、日本に関することはいまだタブー視されていた時代にあって、日本の足跡を思慕し、祀り続けることは自分たちに危害が及びかねない行為であるからだ。したがって私に明かした頃もまだそうした風潮が続いていたため、有志の皆さんは一段と声を低くして、周囲の目を気にしながら語り始めるのだった。

で、数ある逸話の中で私が八〇年代前半に訪ねたのは故八田與一氏の銅像だった。あとになって台北郊外の芝山巖（台湾の教育に殉じた六人の日本人教師を祀る）をはじめ、台湾各地の寺廟に祀られる多くの〝日本の恩人〟を訪ね歩くことになるのだが、この当時はそうした情報に疎く、八田氏のことが「台湾に残る唯一の日本人銅像」と、最初に耳に入ったからである。今でこそ八田氏といえば、台湾通なら誰もが知る存在だが、当時の私には初耳だったこともあり、ずいぶんと神妙な面持ちで現地に向かったことを覚えている。

しかし、これは私に限ったことではない。八〇年代初頭には日本からの観光客が年間六十万余を数えながらもこうした情報に接する機会は極めて少ない時代だった。日本のマスコミ（当時は産経新聞一社のみが台湾駐在）も台湾での災害や事故の報道をすることはあっても、日本時代の、それも八田氏のような美談などはまず取り上げようとしなかったし、取り上げても〝ボツ〟になることが目に見えていた。日本のマスコミ自身が中国への配慮から自己規制する時代だったのである。

　また、観光客自身も植民地支配者としての負い目から日本時代にまつわる事柄には努めて見て見ぬふりをして、おざなりの観光を楽しむのが大半だった。日本も台湾もいまだ戦争を引きずっていたのである。

　こうした世情に疑問を感じ、日本人としての尊厳を取り戻すため、この〝八田氏〟にスポットを当てたのが古川勝三氏だった。古川氏は八〇年代初頭に高雄日本人学校の教員をしていて、八一年の同行の卒業式で当時の交流協会高雄事務所長だった出田政夫氏の来賓挨拶で初めて〝八田氏〟の名前を知ったとのこと。出田氏が子供たちに向けて「八田さんのように、現地の人々からも慕われ、尊敬されるような立派な日本人になってください」と述べられたことに古川氏は関心を持ったのである。

湖畔を見つめる故八田氏の銅像

　これを機に、古川氏は八田氏の銅像を訪ねるとともに、その足跡を丹念に調べて高雄日本人会の機関誌に掲載したのだった。私が初めて八田氏の銅像を訪ねる頃、古川氏はすでに八田氏の功績を広く知らしめようと努めていたということだ。古川氏はその後、同機関誌に連載したものを『台湾を愛した日本人』（創風社）として著した。

閑話休題。

八田氏の銅像は嘉義市郊外の美しいダム湖畔にあった。右肘をついて、いかにも思案深げな格好をした銅像で、その視線の先には自ら十年余の歳月をかけ、心血を注いで拓いた嘉南平野が広がっている。

八田氏は水利技師として大正から昭和初期にかけて、当時不毛の地だった嘉南平野を緑豊かな穀倉地にするため、灌漑用のダム建設（烏山頭水庫）に従事することに。雨の日も風の日も一心不乱にダム建設に打ち込む八田氏の姿は嘉南の人々に感銘を与え、その後八田氏が戦争で悲業の死を遂げ、また夫人（外代樹）もあとを追うように夫の造ったダム湖に身を投げるという悲劇も重なったことで地元民の八田氏に対する感謝と思慕の思いがいよいよ強まって銅像の建立へとつながったものだ。そして地元民は八田氏の銅像を戦時中の供出の対象から、戦後の日本色一掃からも堅く守り続けたのである。それが恩人に対する自分たちの責務であるかのように。

嘉南の人々は今も〝嘉南大圳〟と呼んで八田氏の遺徳を代々語り継ぎ、二〇一一年五月には八田氏が住んだ家屋を復元した記念公園が新たに造られた。

その完成式典にはときの馬英九総統はじめ、日本からも森喜朗元首相ら国会議員二十人以上が参加し、折しも二ヶ月前の東日本大震災で台湾からいち早く二百五十億円もの義援金をいただいた矢先でもあり、同式典は〝日台の絆〟を再確認する場となったのだった。

八田氏の功績を知った私はその延長で日本時代の台湾の米作りを格段に向上させた蓬萊米の父・磯永吉氏と同じく蓬萊米の母と呼ばれる末永仁氏の存在も知るところとなり、以後、台湾の水田を見る目も変わり、そのことが『アジアエコー』の記事に多少とも反映できたものと、自負している次第。

いずれにせよ、蓬萊米の誕生にまつわる肉声（ご子息などによる）を聞くのは私の台湾取材が次の段階となる八〇年代後半になってからである。

第五章

日台の架け橋〝なる台〟の発刊

台湾が戦後の一大転機を迎えようとした八〇年代後半、私の台湾取材も新たな転機を迎えた。八〇年代初頭から務めた『アジアエコー』の取材にピリオドを打ち、次なる取材を模索していた。

その間にも台湾の急激な民主化を伝える〝朗報〟が次々と飛び込んできて、もはや、戒厳令解除は時間の問題と思われた。そうなれば台湾の日本語世代の皆さんが長年押し殺してきた胸の内を一挙に吐き出すに違いない、そのときこそ、私の宿題とした親日感情の正体を摑めるはずである。そう思うと私は居ても立っても居られず、一日も早い訪台を願うのだった。

実際、八〇年代も半ばになると、台湾の自由・民主化への潮流は止めようもなく、ときの蔣経国総統自らが八六年十月に「時代改変、環境改変、潮流也改変（時代が変わり、環境が変わり、潮流もまた変わる）」と表明せざるをえなくなっていた。

そして一年後の八七年七月十五日、三十八年間続いた戒厳令がついに解除されたのである。さらに同総統は戒厳令解除を機に、戦後蔣介石とともに大陸からやってきた、いわゆる外省人の〝大陸探親〟（大陸への里帰り）といった台湾版ペレストロイカを推進し、その延長で台湾人初の李登輝総統が実現したのだった。

しかしこのとき、台湾史のもう一つの悲劇であるはずの外省人の里帰りについて大きく取り上げられることはなかった。

一九四九年以来、中国と台湾は国共内戦状態にあり、当然ながら両岸交流は皆無であった。

それが皮肉にも〝大陸探親〟という形で両岸交流が始まったのである。彼ら外省人にとっては大陸を離れて四十年近い非情の歳月が流れ、すでに高齢者となっていた。中には大陸に残した肉親との再会も果たせぬまま異国である台湾で亡くなる者も増えていた。そんな彼らに「人道上」から探親を許したのは当然のことだった。その証拠に探親が始まるや、外省人は年間五十万、七十万と台湾海峡を超えていくのだった。それはちょっとした〝民族移動〟でもあったのだが、本省人たる台湾人はただ冷ややかな視線を送るだけで、彼ら外省人の悲劇に関心を示すことはなかった。台湾人にとって彼ら外省人こそ横暴の限りを尽くして自分たちの戦後を踏みにじった張本人（後述）であるからだ。外省人、特に蔣介石の〝大陸反攻〟を信じて台湾で老兵となった者たちにスポットが当たるのは九〇年代に入ってからだった。

台湾人初の李登輝総統

　八八年一月、李総統の登場によって台湾は本格的な自由・民主の時代を迎え、これまでタブーとされてきた〝台湾的〟なものが一挙にあふれ出し、一種の〝台湾ルネッサンス〟が到来した感があった。それはあらゆる場でみられた。教育現場においては戦後の北京語教育や不自由な歴史教育を見直す機運が急速に高まったのである。それまで歴史といえば台湾とは関係のない、中国五千年の歴史であり、日本時代のことや戦後の台湾のめざましい経済発展のことはずっと空白のままだった。いわんや戦後台湾の一大恥部ともいうべき二・二八事件（後述）などについては語ることは即命取りという時代が長く続いていた。それらが徐々にではあるが解除、解禁となり、台湾人としての自尊心を取り戻す時代がやっと訪れたのである。

庶民が待望した歌や映画（後述）も次第に台湾モノが創作され始めた。七〇年代の歌謡界はいまだ国民党政府を擁護するような劉家昌の『梅花』などがヒットする世相だったが、八〇年代後半になると台湾の自由・民主化を鼓舞する『愛拚才会贏《アイピャージャエヤー》』（頑張れば勝つ）が大ヒットする時代となった。

また、七〇年代後半から始まった出国自由化によって、八〇年代後半には台湾人の日本観光が日本人の訪台数とほぼ同数の時代になろうとしていた。

何より一般市民に新時代の到来を感じさせたのは八六年に民主進歩党（以下、民進党）が正式に誕生したことだ。長年、国民党の一党独裁が続いてきただけに、反対政党である民進党の誕生はまさに隔世の感があった。

国民党政権下で長年抑圧され、とりわけ地獄の日々を強要され続けた者は〝台湾独立〟を志向する民進党にこぞって馳せ参じたのである。この結果、民進党は急速に勢力を拡大し、民主政治本来の二大政党政治が現実のものとなっていくのだった。

私もこうした時代がくることを心から願い、台湾での本格的な取材ができる日を待ち望んでいた。この私の思いが台湾の皆さんに通じたのか、まさに戒厳令が解除されたその年一九八七年に私の台湾通いが再スタートできたのである。

その仕事とは台湾で初めて日本語による定期刊行物（月刊の観光情報誌）を発行しようというものだった。呼びかけたのは台湾で手広く事業活動をしていた椎原正浩氏である。前述した台湾政治の自由・民主化、特に言論の益々の自由化を見越した同氏の英断であった。椎原氏とは『アジアエコー』を通じてすでに顔馴染みだったので、私にも気軽に話を持ちかけたようだった。

ともあれ、この願ってもない話に私はいの一番に快諾し、『アジアエコー』とほぼ同じペースで訪台することになった。なお、このとき、前述した産経新聞の林さんも初代編集長として加わったので鬼に金棒だった。

とはいえ、長年禁止されてきた日本語を使った定期雑誌の発行は初挑戦だけに思わぬ障害とぶつかった。その第一は雑誌創刊時が戒厳令解除の数ヶ月前だったことで、たとえ政治抜きの観光ものであっても「日本語」による定期の雑誌はやはり認められないというのだ。これには林さんの産経新聞社時代の人脈を頼って当局（新聞局）と何度も交渉を重ねたのだが、結局発刊までに結論が出ず、やむなく当面は香港で印刷して台湾に空輸するという綱渡りのスタートを強いられたのだった。

もう一つは雑誌は原則フリーペーパーとしたことで、広告収入だけが頼りだった。果たして雑誌を継続していくだけの広告が取れるかどうか心配したところ、椎原氏は「選りすぐりの営業マンを集めたので心配ご無用」と胸をはったものだ。

残るは私ども編集の問題だ。雑誌は広告を頂いた風俗、飲食店を中心に、主要なホテルのロビー、カウンター、ホテルによっては客室まで置かせてもらうということで、台湾に着いた観光客がその場で手にとってすぐにわかる最新の観光情報を提供しなくてはならない。むろん、台湾の夜に期待する男性陣のために、どこのクラブにどんな素敵なホステスがいるかまで、具体的に紹介することが求められた。この辺が『アジアエコー』と一番違うところである。

加えて、当時全島に一万五千人以上いる在台邦人にとっても役立つ雑誌を目指して、政治色のつかない程度の経済、社会状況などもいれながら、安心して飲み食いできる飲食店やおすすめのゴルフ場といった現地ならではの情報発信に努めることにした。ちなみに雑誌名の『な〜るほど・ザ・台湾』（愛称〝なる台〟）は当時テレビの人気番組だった『な〜るほど！ザ・ワールド』からヒントをえて私がつけたものである。

こうして八七年初頭から私の〝なる台〟取材が始まった。『アジアエコー』では叶わなかった、よりディープな台湾を求めて。

当時〝なる台〟のオフィスは南京東路三段にあり、私の台北での定宿としていた国王大飯

な〜るほど・ザ・台湾
創刊号
台湾ナウ
笑顔の街角、ときめき探訪
紺碧の墾丁
座談会
私たちは民間の外交官
楊惠珊
百聞・百見は一食にしかず
アジア地域最大の
輸出入展示会場
豪華に宮廷気分
酒家
スポーツ
ゴルフ＆マリン
台北っ子と、你好！
茶藝館
インフォメーション
ホテル・航空・バス・鉄道・デパート
病院・トラブルSOSetc…
メイド・イン・タイワン
裕隆汽車の飛羚101

『な～るほど・ザ・台湾』創刊号

店（南京東路一段）から二十分ほど歩いて通っていた。といっても、台北滞在はほんの二、三日で、あとは地方取材がほとんどだった。幸い、編集スタッフに日本語の達者な曹さんという、タイヤル（泰雅）族の女性がいたので、取材ではいつも彼女に同行していただいた。

タイヤル族といえば、日本時代に霧社事件（前述）を起こした、高砂族の中でも勇猛果敢な部族との先人観があったので、初対面の曹さんをその流れで見てしまった。しかし曹さんにはそうした面影はなく、むしろ気配りのよくできる日本的な女性であった。祖父母が日本語を使っていたという家庭に育ったせいか、日本語も板についている感じだった。

そんな曹さんのお陰で高砂族への取材がよくできたことを今も感謝している。私が〝なる台〟の取材を始めた八〇年代後半は先の大戦で勇名をはせた〝高砂義勇隊〟の老兵たちの肉声が聞ける最後のチャンスであったからだ。

この当時、高砂族は山間部を中心に全島に九種族、約三十三万人が住んでいた。各種族とも教育、生活水準は一般の台湾人と変わらないまでに改善されていたが、若者たちは住み慣れた山を捨て、次々と華やかな都会に出ていく状況にあった。あとに残された高齢者が、先住民としてのアイデンティティが失われていくことに危機感を深めている時期でもあった。日本が領台した当初は各種族ごとに独自の言語を使っていたため、各種族間の交流はまず皆無だった。それが日本の徹底した教化によって日本語が普及し、「日本語」を介して初めて種族間の対話が可能になった経緯がある。今も高砂族が日本語をよく話すゆえんである。コトバだけでなく、精神面でもすっかり日本人化して、先の大戦では〝誉れの軍伕〟となって、時に日本兵以上の戦果を挙げたことは歴史の示す通りである。

私はそんな武勇伝を老兵の口からじかに聞きたくて、山地の景勝地を取材するたびに高砂族との接触を試みた。そのひとコマが九〇年代の初頭、台南から中央山脈を越えて太平洋岸の知本温泉に向かうときに実現した。

当時、台湾海峡側の平地から太平洋岸に抜けるには台中から梨山を経由して太魯閣峡谷へ向かう東西横貫公路（前述）と、この南部横貫公路の二つのルートがあった。ただし、快適な山岳ハイウェーが楽しめたのは東西横貫公路だけで、南部の方はまだ全線の舗装ができてなくて、私たちの乗ったタクシーは途中で日が暮れてしまった。やむなく私たちは明かりの見えた、とある村で夕食をとることにした。

そこは確か、桃源というブヌン（布農）族の村だった。明かりの先に向かうと、食堂らしきところで村人数人がキョンの肉やタケノコの炒めを肴に酒盛りをしていた。私の姿にすぐ日本人とわかったらしく、「日本のお方、さあ、こちらで一緒に酒を飲みましょう」と、日本語で強引に誘うのだった。私も酒は嫌いではないので、ひと口飲んだところ、なんともアルコールのきつい米酒だった。これを飲まされてはすぐにダウンしてしまうと、さっそく日本時代のことに話を向けた。案の定、その中の年輩者が待ってましたとばかり「そうです。私たちは鬼畜米英と戦った高砂族です。こうして年はとったが、今も日本の大和魂は忘れませんョ」と言い、米酒を私の茶碗になみなみと注ぐのだった。そうして「とっておきの軍歌を聞いてください」といって、私の知らないような軍歌を次々と歌い始めるのだった。

するとと背後で調理の手伝いをしていた老婆が「私も歌うさ」といって『満州娘』を歌い始めるではないか。

〽わたし十六　満州娘
春よ三月　雪解けに
迎春花が　咲いたなら
お嫁に行きます　隣村
王さん待ってて頂戴ね

老婆のか細いながら、きれいな日本語で最後まで歌おうとする姿に、私は米酒の酔いも手伝って感涙にむせぶばかりだった。もう三十年以上も前のことだが、このときの光景を思い出すと今も胸が熱くなるのである。

高砂族とのもう一つの思い出は曹さんの実家近くの南澳郷を訪ねたときのこと。南澳は東台湾の花蓮からスリル満点の臨海ハイウェーの蘇花公路を太平洋にそって北上し、峨々たる天下の険も次第におだやかになるあたり。のどかな南澳平野の中ほどに武塔村がある。

今は有志の手で新しく建て替えられたサヨンの記念碑

断崖絶壁の臨海道路を抜けて、南澳郷に向かう

曹さんによれば、ここが土地の人が代々語り継ぐ「サヨンの鐘」の舞台とのこと。「サヨンの鐘」とは戦争美談の一つで、やや脚色されたとはいえ、実際にあった悲劇である。その証拠に私はこのとき、サヨンの実姉に直接会うことができたからだ。

話は昭和十三年に遡る。サヨンは当時、武塔村の背後の山地に住むタイヤル族リヨヘン社の娘だった。十七歳のとき、リヨヘン社の巡査兼教師として村人から親しまれた田北巡査が出征することになった。このとき、サヨンら村の若者が日頃の感謝を込めて同巡査を最後まで見送ろうと、それぞれが巡査の重い荷物を担いで険しい山道を下山する途中、サヨンはあいにくの激しい風雨に襲われて、南澳渓にかかる丸木橋からあっという間に濁流に呑み込まれてしまった。村人たちの懸命の捜索の結果、田北巡査の荷物だけが一週間後に発見されたという。

この話を後日伝え聞いた、ときの第十八代長谷川清総督が深く感動して、「愛国乙女サヨンの鐘」と刻んだベル型の鐘をリヨヘン社に贈られた。その後、サヨンの美談は渡辺はま子さんの歌となり、李香蘭（故山口淑子）主演の映画（前述）ともなって当時の多くの人の心に残ったのである。

曹さんからサヨンの話を聞いた私は姉のチーハン・ハヨンさんのもとに急いだ。チーハンさんはかなりのご高齢だったが、「妹のサヨンは背のすらりとした、とても踊りの上手な娘でしたよ」と、しっかりとした声で往時を語ってくれた。

南澳渓のそばにはサヨンの記念碑が立っていた。高さ一メートルほどの石柱に「愛国乙女サヨン遭難之地」と刻まれている。この記念碑は戦前につくられ、戦後は路傍の石のように埋め棄てられていた。これを見かねた湾生の喜久四郎さんらが立派に掘り起こしたということだった。

サヨンの記念碑をあとに帰ろうとしたとき、「みなさんの思い出になれば」と、村役場の高齢の男性職員が即興で『サヨンの鐘』を歌ってくれた。それは聞くものの心を打つ哀韻に満ちたメロディだった。

〽嵐吹きまく峰ふもと
ながれ危ふき丸木橋
渡るはたれぞ　うるはし乙女
紅きくちびる　ああサヨン

（『サヨンの鐘』はユーチューブで聞くことができる）

歌を聞き終わった私は曹さんが妙にサヨンと重なるのだった。

閑話休題。

こうして取材が順調に進む中、営業陣も期待以上の戦果をあげていた。営業マンの主戦場は言うまでもなく、前述した林森北路などのネオン街である。そのネオン街も私が『アジアエコー』の頃に見たのとは量質ともにひと回りも大きく賑わっていた。日本人相手のクラブやカラオケ店にとって、私ども〝なる台〟は観光客や駐在員を呼び込む待望の媒体として迎えられたのである。創刊当初から半年、一年契約のクラブが十軒、二十軒と集まり、椎原社長が「してやったり」と、ほくそ笑む日々が続いた。

もちろん、スポンサーはクラブだけではない。有名レストランや土産店、ホテルなど、およそ日本人が興味を持ちそうなところはすべて営業マンのアタック対象となる。したがって私ども編集部としても営業活動を側面援助するため、広告がとれそうなところを集中して取材した。時には営業マン運転の小型バイクに同乗して台北狭しと走り回った。風を切って走るバイクから見る台北は初めて見た頃とはずいぶんと様変わりして、メインストリートには十数階の真新しいビルが増え、市街は敦化北路や信義路四段あたりの東へ、東へと広がっていった。

ところで、営業マンの足となるバイクのことだが、当時はまだバイクが主流の時代。バイクがイナゴの大群のように走り回る光景が台北の風物詩だったとはいえ、営業マンの後ろに座る私としては死と隣り合わせの乗り心地だった。事実、この当時のバイクによる死亡率はダントツに高かった。それでも、前でハンドルを握る営業マンの旺盛な士気が肩からひしひしと伝わり、とても「危ない」などと言ってられる状況ではなかった。

そんなある日、営業マンと雨降る中バイクを飛ばして旧市街にある「酒家」の攻略に向かったことがある。酒家とはさしずめ日本版〝お座敷遊び〟か、韓国の〝キーセンパーティ〟にも似た娯楽の殿堂のこと。新北投温泉が最盛期を迎える頃、酒家は台北の夜を象徴する存在だった。風俗営業の正式なライセンスを持っているため、楊貴妃然とした美人ホステスが客席にはべって紳士諸兄をたちまち玄宗気分にしてくれるというのが一番の売り。

客は豪華な個室で専属の流しのバンドで歌うもよし、気に入った娘とチークダンスもよしというわけで、当時の日本人駐在員の接待の場として大人気だった。前述した風間氏も仕事上（⁉）から一時は酒家の常連になるくらい通ったそうな。今も「酒家」と聞くと、思わずニンマリと苦笑するあたり、当時の酒家の魅力が想像できようというもの。

しかし、〝なる台〟が創刊した頃は急増するクラブの勢いに押され、わずか「五月花」や「東雲閣」といった数軒の大酒家が往時の誇りを支えになんとか営業を続けている状況だった。

したがって酒家への営業がいかに困難なものかは推して知るべしだった。それでもなお営業マンは諦めきれず「客の半分はまだ日本人が利用しており、観光客にも台湾独特の酒家の魅力を知ってほしい」と、私に取材を通じた広告の獲得を懇願してきた次第。

で、私もダメ元のつもりで酒家にアタックしたところ、なんとマネージャー氏が「日本人客が増えるなら」と心好く取材に応じてくれたばかりか、一ページ広告まで頂けたのである。その夜、営業マン氏と祝杯をあげたのは言うまでもない。

台北の夜を象徴した酒家

しかし、三年も過ぎると営業部の新規開拓は頭打ちとなり、活動範囲を台北から台中、台南、高雄へと広げていた。そこで私どもは椎原社長を先頭に林森北路の各個撃破作戦を始めることに。林森北路の主なクラブ、スナックだけでも優に百軒以上あるのだから、新規開拓の余地はまだあるというのだ。私も台北滞在中はできるだけ同行した。異国のネオン街で同胞の痴態を見るのは気が進まなかったが、これも記者としての目を広げることになると自分に言い聞かせながら、である。

私と椎原社長が林森北路に向かうのは夜の九時か十時頃。この時間になれば人気のクラブのホステスはほとんど客と連れ立っていなくなるからだ。ホステスたちが我先にと客を奪い合ったあと、ママがほっと一息つく時間が狙い時なのだ。要は〝なる台〟の宣伝効果力をママたち幹部にいかにアピールできるかである。もとより、ママを説得するにはそれなりの物量作戦も肝要だ。その辺は椎原社長もよく心得て、契約の見込みがあると判断するや、一本四千元（約一万六千円）ものボトルを惜しげもなくオーダーする。

こうして目標のクラブを攻略すると、続いて六条通りの「花林」や「恋夜」といった馴染みの店をひと回りするのがお決まりのパターン。スポンサーの店とはいえ、ママたちの機嫌をつなぎとめておくにはこれまたそれなりの挨拶料が欠かせない。いったい、この当時の椎原社長はいかほどの物量を投じたものか、今となっては想像の世界ではあるが……。

ともあれ、馴染みのママから「なる台さんのお陰で観光のお客さんが増えたわ」とか、日本人の酔客から「なる台さんを見て来てみたらいい娘が見つかったよ」などと言われれば悪い気はしない。逆に台湾人の酔客から「台湾に来て、大きな顔をするもんじゃない」と怒鳴られることも覚悟の上のこと。

そのことよりも私をやるせなくするのはこの遅めの時間帯の人間もようである。夜の十時を過ぎて私たちの相手をする娘はこの日の売れ残り組であって、彼女らの作り笑いが私をいっそう苦しくするからだ。

といって、八時頃に客とさっさと店を出て行く娘も千差万別である。今宵の仕事を勝ち取った喜びを全身で表わす娘もいれば、客の背に隠れ、どこか罪意識を漂わせながら出ていく娘もある。そうした切ない表情は夜の女たちに共通するのだが、時に高砂族の娘がいかにも好きそうな同胞に引っぱられるように歩く姿を見ると、さすがに腹が立つ。

林森北路には高砂族の女性専門のクラブもあり、日本の年輩者になかなかの人気だった。日本の年輩者の中には高砂族の娘を「姑娘《クーニャン》」との愛称で知るものも多く、その彫りの深い、目鼻立ちのはっきりとした顔に、台湾人の女性とはまた違った魅力を感じるらしかった。そういえば美人歌手として有名な湯蘭花や高勝美も高砂族の出身だった。

しかし私には前述したサヨンと重なって、今も昔も加害者である日本人の一人としてやりきれないものを感じるのだった。そして、夜の女の哀しさは台湾の人の哀しさのように思えるのだった。

そうした夜の女たちの哀しさを唄ったものに名曲『雨夜花』（一九三四年、鄧雨賢作曲）がある。

〽雨夜花《ウーヤーホエ》　雨夜花《ウーヤーホエ》
受風雨吹落地《シィウホンホーツィエローテー》
無人看見毎日怨嗟《ボーランコアキーミージーワンツェー》
花謝落土《ホエシャーロートー》　不再回《プーツァイホエー》

そして、この切々としたメロディにのって戦時中は『誉れの軍伕』として唄われたのだった。

〽赤い襷《たすき》の　誉れの軍伕

うれし僕らは　日本の男児《おとこ》

……

林森北路はその後、九〇年代半ばにかけて翳りがみえてきた。閑古鳥が鳴く店が増え、やむなく閉店する店も出てきた。日本の不況風が林森北路を直撃していたこともさることながら、この時期を迎えて日本の買春客が大挙して台北に押し寄せる時代ではなくなったということだ。

それに、客層も日本人に代わって台湾人客が目立つようになった。九〇年代初頭からの日台経済の勢いの差が林森北路の夜にも如実に表われてきたといえよう。さらに再開発の噂が飛び交うようになり、先を見越したホステスは中山北路寄りの景気のよいクラブへ、南京東路以北に急増する台湾人相手のクラブへと、さっさと鞍替えする娘が増えていた。

しかし、百戦錬磨のベテラン組は、

「今さら台湾の男を相手にするなんて、まっぴら。私らの肌は日本の男にしか合わなくなったのさ、だから今夜どう⁉」と強がるのだった。

第六章　日本語を渇望した苦難の時代を超えて

九〇年代を迎えて、台湾の自由・民主化が一段とすすんだ。その象徴はなんといっても戦後の台湾を重苦しいものにしてきた、いわゆる「二・二八事件」（後述）とそれに続く長い白色テロ時代に正面から向き合い、それまでの〝怨恨の政治風土〟から脱却しようと呼びかけたことだ。

呼びかけたのは言うまでもなく、李総統である。李総統は当時外省人主体の国民党の総統でありながらも台湾人としての信念の政治改革を次々と断行した。全国民に向けて「今こそ胸襟を開いて二・二八事件を正視し、愛と寛容から出発して、怨恨を溶解させ、さらに進んで省籍をめぐる偏見と対立を解消させよう」と、外省人と本省人の長い対立構図にピリオドを打つことを呼びかけたのである。

李総統の一連の言動を誰よりも喜んだのは同総統と同世代の〝日本語世代〟の皆さんだった。「二・二八事件」以降、日本語はもちろん、日本的なものは一切タブーとされてきた中で、彼らはまさに〝口を封じられた世代〟であり続けた。日本語でしか自らの胸の内を表現することのできない彼らの苦悩は想像を絶するものがあった。家の中でも戦後の北京語（標準語）教育で育った子や孫たちとの〝言葉の壁〟に孤独感を感じていた。

しかし、彼ら日本語世代は「日本語」を捨てようとしなかったし、また、できなかったのである。彼らは当局の厳しい監視の中にあっても「日本語で考え、日本語で表現する」ことを黙々と続けてきたのである。

こうした日本語世代の台湾人を私は勝手に「上半身は日本人、下半身は中国人」といって自己納得するのである。

その象徴が呉建堂氏（一九九八年死去）率いる「台北歌壇」であった。文字通り、日本語で短歌を詠むグループである。なかでも主宰者の呉建堂氏は孤蓬万里の雅号で一万首を超える歌を詠んで菊池寛賞を受賞するほどの典型的な〝日本語族〟であった。

「台北歌壇」のバックボーンは呉氏自らが詠んだ次の歌に尽きる。

「日本人に　あらざるわれら
台北に短歌読む結社
つくりて久し」と。

90年代は人もクルマも大渋滞

そして自分らの宿命を次のように結ぶ。

「昨年も同人の何人かが逝《い》った。病床でも短歌をつくり続け、絶詠を残した。中国人ともあろうものが、絶命の辞にいたるまで、日本語を使わなければならないのは残念であり、悲しいことである。しかし、これもかつての植民地・台湾に生まれた者の命運であり、西洋文化に入る前に、一部の日本人が辞世代わりに漢詩をつくったのと一脈相通ずるものがある」（台北短歌集の序文から）と。

しかし、呉建堂氏の歌に日本人への怨みつらみはない。戦後の日本人を「日本人の　忘れし仁義礼智心　台湾に来て　心温むと君」と非難しながらも、それは「日本」を愛するがゆえの叱咤激励であった。呉氏らの短歌は日本でも『台湾万葉集』（集英社刊）として出版され、多くの読者に感銘を与えた。

こうした日本語族の皆さんに李総統が希望の灯をともしたのである。李総統自身も呉建堂氏と同様、植民地・台湾に生まれた命運を「台湾人の悲哀」としながらも、自ら「二十二歳まで日本人だった」と公言し、日本への捨て切れぬ愛着を言動で示したのだった。八八年一月の総統就任から二年ほど過ぎる頃から総統府の中でも誰憚ることなく日本語を話すようになった。

このことが、長年日本語を渇望してきた皆さんにいかに大きなインパクトを与えたことか、推して知るべしだった。現に、李総統の言動に勇気付けられた日本語世代の中から、〝日本語復興〟を掲げる団体、グループが少なからず誕生したのである。

その一つが一九九二年に陳絢暉氏が呼びかけた「友愛日本語クラブ」（後に〝友愛グループ〟に）である。陳氏ら日本語族は、戦後もしばらく経って日本が遠のくにつれ、日本語が廃れ、また誤った使い方をされることに我慢できず、同志と「台湾に正しい日本語を残そう」と立ち上がったのである。もちろん、前述の呉建堂氏もこれに参加して、日本語世代の多くの共感を呼ぶグループとなった。

さて、日本語世代に心機一転の影響を与えた李総統はその後二〇〇〇年まで総統職を務め、その間も一貫して日本人の心をも打つ親日政策を推進してくれた。令和二年七月に九十七歳で死去された際に日本からも多くの感謝と惜別の声が寄せられたのは当然のことだった。

閑話休題。

では一般の日本語世代はというと、それまでも気心の知れた友人同士で日本語を使ってはいたが、今や晴れて〝日本語解禁〟のお墨付きを頂いたのである。とはいえ、いざ解禁となると、緊張のためか、日本語がうまく出てこない。最初は恐る恐る、周囲の目を気にしながらだったが、やがて街頭でも日本語の復活が実感できるようになると、呪縛から解き放たれたように、長年の思いの丈を、日本時代への懐旧の思いを堰を切ったように語り始めるのだった。

そうした皆さんにとって私ども〝なる台〟は待望の定期刊行物に映ったようだ。たとえ観光雑誌であろうと、そこには紛れもない日本語が並び、何より日本のニオイが日本語世代の皆さんを無性に引き寄せたに違いない。

つまり、私どもの知らぬ間に、日本語世代の多くの皆さんが〝なる台〟の熱心な愛読者になっていたのである。このことを知った私は彼らの肉声を聞こうと積極的にアプローチした。最初は断る人も多くいたが、「政治抜き」という条件で一人、二人と親しくなり、話が日本時代のことに及ぶと、「それならもっと詳しい人を紹介しますよ」という具合で、気づけば私の定宿の国王大飯店はさながら日本談義のサロンとなっていた。

しかし、日本談義があまりに盛り上がると国王大飯店に迷惑、というより危ないことにもなりかねないので、「続きはいつもの店で、酒でも飲みながらやりましょう」と、近くの大衆食堂に場を移すようにした。私にとってこうした居酒屋での懇談こそ、台湾の皆さんの本音を聞く絶好の機会となった。事実、何度か酒席をともにするにつれ、酒の勢いから時に政治的なこと、それも本丸ともいうべき「二・二八事件」のことまで話がふくらむこともしばしばだった。

当時の主なやりとりを再現すると——

「日本時代もいろいろあったけど、戦後の国民党時代と比べたら、ずっと良かった」

「そう、日本の巡査から、オイ、コラと怒鳴られることはあっても、まず殺されることはなかった」と。

さらに酒の力を借りて、話は熱を帯び、激しくなる。

「特にあの時代（二・二八事件当時）は日本語を街頭で喋ろうものなら、片っ端から投獄され、運が悪いと処刑された。まあ、日本語ができるかどうかが、生死を分けたわけだね」

「逆に、私ら台湾人は日本語を話せない者を外省人と決めつけ、攻撃したものよ」

ざっとこんな調子である。

いずれも酒の上の話なので、後日、台湾の取材で何かとご指導頂いた林彦卿氏ら有識者に話をうかがい、また「二・二八事件」当時の資料を調べる中で、前述の話はおおよそ史実に即していることがわかった。

では改めて日本語世代の皆さんにとって「二・二八事件」とそれに続く白色テロ時代とはどんなものだったのか、改めて振り返ることにしよう。このことを真に理解しない限り、台湾の皆さんが戦後強いられた苦難の日々と今日なお続く親日感情を汲み取ることはできないからである。

一九四五年十月、日本軍に代わって台湾の新たな支配者として蔣介石の国民党軍（従来台湾に住む者を〝本省人〟と呼ぶのに対し、戦後大陸からやってきた約百五十万人の軍民を〝外省人〟と呼ぶ）が上陸してきた。

しかし、国民党軍の姿は規律正しく行進する日本兵の姿を見慣れていた台湾人の目には「乞食のようにぼろぼろの服を着て、肩には天秤棒で鍋釜を担ぎ、背中にはから傘をさす」（林彦卿氏の戦後日記から）敗残兵のようで、およそ自分たちを光復（台湾が中華民国に復帰する）してくれた戦勝国の軍隊とはほど遠いものだった。

このときの国民党軍を評するのに台湾の人がよく引き合いに出すのが〝水道の蛇口〟のこと。台湾では終戦当時、日本時代のインフラ整備によって上水道はもとより、都市部には下水道も普及していた。ところが国民党兵士にはこの水道が珍しかった。家の壁などに取り付けてある金具（つまり蛇口）をひねるときれいな水が出ることを知った兵士らはさっそく金物屋から蛇口を買い求め、家の壁や柱、果ては庭木にまでこれを突き刺したというのだ。これではいくら蛇口をひねっても水が出るはずもないのだが、兵士らは蛇口が不良品のせいだと金物屋に怒鳴り込んだとのこと。この話、真偽のほどはともかく、台湾人の見た国民党軍の第一印象はこういうものだった。

事実、このときの陳儀行政長官をトップとする大陸からの先遣部隊は長引く国共内戦で疲弊した、文字の読み書きもできない農村出身の兵士も多く、終戦時に子供の就学率が九割を超えた台湾人の目には冷笑の対象でしかなかった。

しかし、国民党軍のこの練度の低さが早晩台湾人への蛮行となって牙をむくことになる。兵士の中には無銭飲食、無賃乗車、一般家庭への略奪行為などやりたい放題。軍の幹部も台湾人の務める要職を次々と奪い取って、汚職やワイロが横行するばかりだった。

台湾は一夜にして暴力や不正がはびこる前近代国家に逆戻りしてしまったのである。この結果、日本時代では想像もできない治安の乱れ、そして極度のインフレと食糧難で庶民生活は困窮する一方だった。

この当時の台湾の人の気持ちはまさに、〝イヌ去って、ブタ来たる〟（日本人は犬のようにワンワン吠えてうるさかったが家を守ってくれた。それに対し、大陸からやって来た国民党軍は豚のように貪欲に食べるだけの怠け者という意味）であった。こうした台湾人の積もりに積もった怒りが一挙に爆発したのが「二・二八事件」だった。

一九四七年二月二十七日夕刻、台北市内太平町（現在の延平北路と南京西路が交差するあたり）で生活難から闇タバコを売る母子連れに対し、外省人の取締官らがこれを取り押さえ、暴力をふるったのである。この様子を見かねた市民が取締官らを非難したところ、取締官がいきなり発砲し、青年一人が即死したことで台湾人の日頃の鬱憤がついに爆発。

翌二十八日から流血の惨劇が至るところで始まるのだった。抗議デモをするものには容赦なく機銃掃射が浴びせられ、街頭で少しでも反抗的な態度を示そうものならその場で射殺された。これに対し台湾人も新公園（現二・二八和平公園）にあった放送局を一時占拠して広く決起を呼びかけ、一部の学生、若者らは日本軍が残した銃などを手に外省人に立ち向かったのである。市内のあちこちで双方が牙を向き合う険悪な場面が見られ、街は騒乱状態と化した。

この当時の状況はすでに多くの証言で明らかにされている。故司馬遼太郎の著書『街道をゆく～台湾紀行』の中で、〝老台北《ラオタイペイ》〟の愛称で登場する蔡焜燦氏も自らの著書『台湾人と日本精神』（日本教文社）に二・二八事件当時を書いている。

「各地における抗議行動は商店の休業、学生による授業のボイコットなど、あらゆる形で表現され、陳儀の台湾警備総司令部ももはや手がつけられない状況になっていく。そして放送局を占拠した民衆は台湾全土に向けて非常事態を告げた。ラジオからは元○○飛行隊の者は○○に集合せよ！　元海南島の○○部隊の出身者は○時に台北市の○○へすみやかに集合せよ！ と日本語で呼集がかかり、また民衆を鼓舞するために『軍艦マーチ』や『君が代行進曲』が流されたこともあった。さらに民衆の間には〝基隆に日本からの援軍が上陸したらしいぞ！〟という噂も流布されたという。こうして事件は瞬く間に全島に拡大し、本省人と外省人の対立はますます先鋭化していった。本省人は外省人と見るや襲撃し、それまで鬱憤した怒りをこぶしに込めた」と。

ここで私たちが忘れてならないのは本省人と外省人の双方で敵か味方かを手っ取り早く判別するのに「日本語」が使われたことだ。

大陸から来た外省人は日本語を喋らないため、街頭で日本語が通じない者を外省人と決めつけ、攻撃したのである。当然、逆もまたしかりで、日本語が〝踏み絵〟の役を果たしたのである。

しかし、物量の勝る国民党軍の前に台湾の死傷者は増え続け、三月に入ると台湾側から事態収束の動きが始まった。台湾人の有識者ら市民代表が「二・二八事件処理委員会」を結成して、陳儀長官との話し合いを持とうとしたのである。

一方の陳儀長官は台湾側の要求（台湾人の要職への登用や台湾の自治、腐敗官僚の排除、人権の尊重など）をすべて呑むふりをして、大陸からの援軍を待つ〝時間稼ぎ〟をしたのだった。そして、陳儀長官の魂胆通り、ほどなくして大陸からの援軍が到着するや、それまで以上の殺戮が台湾全島で始まったのである。

外省人兵士らはトラックに据え付けた機関銃を乱射しながら街なかを走り回り、これぞと思う台湾人を手当たり次第射殺するという惨状だった。台湾人も全島各地で当初こそ勇敢に、激しく抵抗したものの、三月末までにはほぼ制圧された。

この間の台湾人の犠牲者は一万人とも二万人ともいわれ、なかでも傷ましいのは日本の高等教育を受けた知識人などが真っ先に標的にされ、殺害されたことだ。国民党軍が台湾で一党独裁を強行していく上で妨げとなる主要な人材から先に粛清されたのだ。

阮美妹女史（中央）と湾生の皆さん
（2006 年同女史の出版記念会）

　粛清の標的となったのは台湾人初の哲学博士となった林茂生氏や台湾が誇るエリート裁判官だった呉鴻麒氏、そして実業家の阮朝日氏といった、いずれも戦後の台湾を背負っていくはずのエリートたちだった。

　阮朝日氏は一九四七年三月、警備総司令部によって連行され、そのまま帰らぬ人となった。このとき結婚したばかりの長女、阮美妹さんはその後、父の無念の死と二・二八事件の悲劇について生涯をかけて訴え続けた。二〇〇二年には故郷の地・屏東に「阮朝日二二八記念館」を設立し、二〇〇六年には自ら『台湾二二八の真実〜消えた父を探して』等を著し、また日本の湾生が訪台したときなど喜んで台北市内の案内役をしながら戦後台湾の苦難の日々を語り伝える姿がまだ記憶に新しい。

また、林茂生氏と並んで当時の台湾を代表する知識人、杜聡明博士（台湾人初の医学博士）は危うく難を逃れた一人。杜博士の三男で現米国在住の化学者、祖健氏（アンソニー・トウ）は九十歳を超えた今も二・二八事件当時の恐怖の日々を発信し続けている（令和五年一月現在）。

二・二八事件から危うく難を逃れた者は多くいるが、風間氏が（前述したように）明治大学で師事した王育徳教授もその一人。王教授は日本時代の台北高校から東京大学に進み、戦後は兄の王育霖とともに台湾の復興のために頑張ろうと帰台したところ、二・二八事件に遭遇してしまった。台南一中の教師をする傍ら、演劇活動をする中で政府を皮肉ったことで官憲に目をつけられたのである。身の危険を察した王教授は一九四九年七月、逮捕される寸前で日本に亡命することができた。しかし、兄の王育霖は殺害されてしまった。育霖氏は王教授と同様に東京帝大卒後、台湾人初の日本の検事となって、戦後の台湾の法曹界を担っていくはずの人材であった。

王育徳教授はこうした身近な体験をもとに日本で「台湾青年社」を立ち上げ、多くの同志とともに台湾独立のために生涯を捧げることになる。しかし、王教授は風間氏ら当時のゼミ生に対し、二・二八事件はおろか、日本での活動の一端も語ることはなかったという。

しかし、台湾人の受難は二・二八事件で終わったわけではない。二年後の一九四九年に共産党との内戦に敗れた蔣介石の国民政府が大挙して台湾に移ってきたことで本格的な恐怖政治、いわゆる〝白色テロ時代〟を迎えることになったのだった。

蔣介石は台湾（中華民国台湾省として）を大陸反攻の拠点とすべく早々と戒厳令（以後八七年まで続く）を施行し、徹底した政治弾圧、言論統制を行うのだった。市民には相互監視と密告を強制し、そこからあぶり出された者は政治犯として容赦なく投獄、処刑された。その数は今なお判然としないが、十万人以上が投獄、三千人以上が処刑されたといわれる。

台北高校時代の王育徳（左）と東京帝大時代の王育霖（右）（王育徳記念館の案内から）

後に国民党の総統となる李登輝元総統（前述）も一時当局の取り調べを受けたことがあり、また前述した蔡焜燦氏（二〇一七年九十歳で死去）も政治犯として十年余服役したことで知られる。

こうした白色テロに怯える日々の中、ますます日本時代への郷愁を募らせる親日世代の皆さんに、まさに泣きっ面に蜂のような仕打ちとなったのが一九七二年の日華断交だった。彼らにとって「日本」は戦後の苦難を耐え忍ぶ一縷の望みであり続けた。その「日本」が手の平を返すようなことは絶対にしないと信じていた。にもかかわらずにである。

私も台湾各地で取材中、親日世代の皆さんから耳にタコができるくらい聞かされたものだ。「あのときは本当に悔しくて、日本から捨てられた思いがしました」と。

以上が戒厳令が解除されて日本語世代が比較的自由に物が言える時代になって明かされた〝苦難の戦後史〟である。そして私なりにこの戦後史を共有するとき、私が初訪台したときの疑問、すなわち、どこの馬の骨かもわからない私をただ「日本人」というだけで嬉しげにご馳走までしてくれた雷樹水さんのあのときの心情が手に取るように理解できたのである。あのとき、雷さんは二・二八事件以降の歩みを多少とも話したかったに違いない。自分たちが置かれている現下の理不尽な状況と、六年前の日華断交に寄せる無念の思いを日本人にこそ聞いてほしかったに違いない。

実際、九〇年代に入ると、親日世代の皆さん、とりわけ二・二八事件の関係者の皆さんから半ば公然と日本時代を美化する声が聞かれるようになった。

曰く、

「台湾は光復しなければよかった」
「ずっと日本時代のままでいたかった」と。
たしかに、戦後の国民党政治がひどければひどいほど、逆に日本時代が良くみえてくるのはある意味、当然のことかもしれない。しかし、私は果たしてそれだけだろうかと思うのである。植民地国だった韓国と比べて、相対的に台湾に対する日本の統治が良かったというだけなら、戦後半世紀（九〇年代時点）も経ってなお日本との一体感を持ち続けるはずがない。そこには個々の日本人との強い絆があればこそと思うのである。

折しも九〇年代半ばにかけて、親日世代の皆さんから「日本の恩師に会いたい」、「五十年ぶりに日本の同窓生と再会したい」、「軍隊時代の上官に会いたい」といった声が一段と高く聞こえてくるのだった。私はそうした声に接するたび、日本人と深め合った絆とはどんなものだったのか、考えずにいられなかった。

日本時代、植民地教育の中にあっても個々の教師が台湾の子らのために情熱を注いで教壇に立ったこと、山奥の高砂族の村で日本人巡査が自分の給与をけずってまで子供らの学費に当てたこと、また軍隊生活の中で日本兵が支配者の立場を超えて台湾の志願兵と苦楽をともにしたことなどが容易に推察され、そうした無数の絆がふくらんで、今日の世界一の親日国になったものと考えるのだった。

こんな私の思いを強く確信させてくれたのが前述の陳絢暉氏だった。一九九五年のある日のこと、その陳氏が私をぜひ台北郊外の「芝山巌」に案内したいといってきた。芝山巌のことは文献等でその存在は知っていたが実際に訪ねるのはこれが初めてだった。

芝山巌は台湾が日本の領土となった明治二十八年（一八九五年）、いまだ世情不安な中、日本の青年教師が台湾で初めて日本語教育を開始した学校（芝山巌学堂）のこと。しかし、その名が強く残るのは教師六人が悲惨な殺され方をした〝悲劇の舞台〟でもあったからだ。

陳絢暉氏ら親日世代の皆さんは、異国の地に大志を抱いて渡ってきた青年教師の無念の思いとその尊い犠牲に対し感謝を込めて戦後もずっと語り継いできた。特に陳氏は芝山巌学堂の流れをくむ士林国民小学校の卒業生であり、しかも私を案内したこの年は同小学校の創立百周年に当たり、その記念すべき年を迎えるにあたって、犠牲になった「六氏先生之墓」を立派に建て直したところだった。陳氏がこの年に私を案内したかった気持ちが察せられた。

そして参拝する私に、陳氏は誇らしげに語るのだった。

「私たちには今も芝山巌精神、いや、日本精神が脈々とながれているんですよ」と。

私は「日本精神」と聞いて、どこか気恥ずかしいものを感じたのだが、陳氏はいたって真顔だった。

その表情は、

「日本人よ、戦後半世紀も経ってなお日本精神を大事にする私ども台湾人の生き様を理解してもらわなくては困る」と、言わんばかりである。事実、陳氏によれば、台湾では今も「日

台湾人有志の手で立派に修復された六氏先生の墓

本精神」が勤勉で実直を表わす言葉として使われているという。

「日本精神」については前述した〝老台北〟こと蔡焜燦氏が自らの著書（『台湾人と日本精神』）のタイトルにするほどである。

その中で蔡氏は、

「（日本精神は）日本の先人達がその叡智をふりしぼって前近代的社会であった台湾を近代化させ、愛をもって民衆の教育に務めた成果なのである……台湾では我々日本語族の世代が、こうした日本統治時代の輝かしい歴史の側面を孫子の代にしっかりと語り継いでいる……台湾人がもっとも尊ぶ日本統治時代の遺産は、ダムや鉄道など物質的なものではなく、〝公〟を顧みる道徳教育など精神的遺産なのである。こうした遺産は台湾の発展の基盤となり、またこれからも語り継がれてゆくことだろう。それゆえに、台湾人は他のいかなる国の人々よりも日本を愛し尊敬し続けるのだ」と、熱く語るのである。

こうした日本語族の皆さんの日本への思いは尽きることがない。そんな皆さんが日本との絆を再確認するように待ち望むのが日本の湾生との再会であった。

第七章

感動の里帰り、再会が最高潮を迎えた九〇年代

日本との一体感を持ち続ける親日世代も九〇年代の自由・民主化時代には高齢者になっていた。私はこれまで台湾の日本語世代と親日世代をやや曖昧に使っていたきらいがあるので、ここで改めて私なりに区別すると、日本語世代とは物心がつくまでに日本語教育を受けた世代であり、その中でも親日世代は日本語はもとより、身も心も日本人然とした人たちのこと。したがって、日本語世代がすべて親日世代とは言えないものの、私の取材した限りでは日本語世代のかなりの割合の人が親日世代であるということだ。終戦時に二十歳だった親日世代も九〇年代当時は六十代後半となり、これまでなしえなかった願望をまだ歩けるうちに実現したいという年齢になっていた。そして、その願望の一つに「日本」があったことは言うまでもない。

そんな親日世代の心境をよく描いたのが映画『多桑《トーサン》』だった。ちなみにこの年、一九九四年は台湾の国産映画が一大キャンペーンを展開して純国産映画が一斉に公開された年。それまで映画といえばアメリカや香港ものに押され、台湾映画の危機がずっと続いていた。それが自由・民主化の波に乗って、一九八九年公開の『非情城市』(侯孝賢監督)を皮切りに『バナナ天国』(八九年)、『無言的山丘』(九二年)といった台湾ものが次々と製作されるようになった。

特に『非情城市』はそれまでタブーとされた二・二八事件を初めて扱った画期的な作品として社会的な反響を巻き起こし、その年のベネチア国際映画祭のグランプリを受賞したほど。

その『非情城市』の脚本を手がけた呉念真氏が自分の多桑（父さん）をモデルに自らメガホンを取ったのが映画『多桑』だった。話題の映画だけにすでに多くの人の記憶にあると思うが、当時の親日世代の心境を改めて理解していただくため、さわりだけを紹介する――多桑は熱烈な親日家だった。日常生活のあらゆる面で日本モノにこだわり、朝は一番にＮＨＫの衛星放送（一九八七年に解禁）のスイッチを入れ、また、日本と台湾のバスケットの試合をテレビで観戦する息子を、「中華民国」を応援するのはいかんとなじり、「中華民国」の国旗を描く子供の絵を取り上げて、「日本の国旗は赤いのだ」と言って白い国旗を赤く塗りつぶしてしまうようなひと。そんな多桑が高齢となった今の一番の夢は日本に行って皇居と富士山を見ることだった。しかし、長年の金鉱掘りで身体が悪化し、日本へのパスポートを取得しながらも日本行きを断念せざるをえなくなった。夢をなくした多桑はある日、病院の窓から飛び降り自殺をしてしまう……こんなストーリーである。

当時、このような多桑は無数にいたはずで、それぞれが日本への思いを成就しようとしたに違いない。

私はその中で切実な声として聞いたのが、「日本の恩師に会いたい」という声だった。それは時間的にも最後のチャンスを迎えていたからだ。高齢化する親日世代にとって、かつての恩師はさらに年波を重ね、八十歳、九十歳の高齢になっているはずで、その安否のほども定かでない状況だった。

しかし、親日世代は、

「私たちをわけへだてなく、我が子のように教えてくれた恩師に、亡くなる前に一言でもお礼を言いたい」と、台湾への案内状を書き続けた。その結果、恩師の死去が判ると、親日世代の中にははるばる東北や九州へと恩師のもとを訪ね歩き、墓前で感謝の言葉を伝えたという話を数多く聞くことができた。

もとより恩師の中には教え子に会いたい一心で老軀を押して訪台をくり返すひともいた。私はいま、そんな恩師の一人が目に浮かぶ。当時、傘寿を迎えようとしていた佐藤（旧姓・有矢）玉枝さんである。

佐藤さんは戦前、嘉義市玉川公学校（日本時代の学校は日本人が小学校、台湾人が公学校、高砂族が蕃童教育所に区別されていた）で教鞭をとられ、高齢になってからも教え子らの熱烈な歓迎に応えて毎年のように訪台をくり返すひとだった。

私が初めてお会いしたのは、佐藤さんが一九九七年七月三日に行われた同校創立百周年記念行事に参加した数日後に、その帰国談を聞いたときだった。佐藤さんは嘉義の母校で教え子らと連日連夜、感動の再会を愉しんだことを時間も忘れて話してくれたのだった。

それから数ヶ月後のこと、佐藤さんからノートを綴ったような小冊が送られてきた。そこには『再会の旅』というタイトルで、教え子らとの長年にわたる交流と台湾の発展を心から願う思いが書かれてあった。私は佐藤さんのような多くの教師がいたことを誇りに思い、感服したものだ。

　もう一つは高砂族の切実な声であった。先の大戦で〝高砂義勇隊〟として勇名を馳せた皆さんも九〇年代半ばにはすっかり老兵となり、数少ない同世代の仲間と往時の武勇伝を語り合うのが唯一の楽しみになっていた。

　そんな彼らの願いの一つが軍隊生活の中でよく面倒をみてくれた日本人上官との再会だった。私はそうした一例をある湾生から聞くことができた。教えてくれたのは当時愛知県在住の小川隆氏だった。

　それによると、戦後も五十年が過ぎようとした頃、台北帝大予科の同級生だった台湾の友人の案内で小川氏が台湾一周旅行を楽しんでいるときのこと。東台湾を観光する途中で前述の「サヨンの碑」を訪ねた際、そこで出会ったアミ族の高覚城（日本名、川上繁）さんから思わぬ相談が持ちかけられた。

「そのときの高さんは、私が日本人と知って、かつての自分の上官をぜひ捜してほしいと言うんです。戦後も五十年近く過ぎて、果たして捜してあげられるか自信はなかったのですが、高さんの上官を慕う一途な心に打たれ、お引き受けしたんです」と。

　高さんは〝高砂義勇隊〟の隊員だった。そして、高さんのかつての上官というのは学徒出陣した見習士官だった人で、部隊生活の中で高さんを何かと目にかけてくれたという。そのご恩が忘れられず、高さんは戦後の再会を固く誓って別れたままだった。それが小川氏の尽力で二人の再会が五十年ぶりに実現したのだった。

「二人の再会には私も同席したのですが、高さんは日本からはるばるやってきた上官の姿を見るや、思わず挙手の敬礼をし、二人は五十年のブランクを一挙に埋めるかのように、いつまでも肩を組み合っていました」と、小川氏は振り返るのだった。

こうした、かつての上官と部下、そして恩師と教え子などによる感動の再会は九〇年代半ばにかけてピークを迎えるのだった。

しかし、多くの親日世代が心待ちにするのはかつての級友や親友である湾生との再会であった。とりわけ、日本人と机を並べた者は台湾でも恵まれた家庭の児童であっただけに、湾生との再会は懐旧と同時に、幼き日の自尊心が甦る瞬間でもあった。

前述したように、日本時代の台湾の児童は原則として公学校で学ぶこととされ、日本人児童が通う小学校には極く限られた者以外入学できなかった。極く限られた者とは日本語を常用語とする「国語家庭」に育ち、何より本人が日本人と同等か、それ以上に成績が優秀でなければならない。結果として、親日的で裕福な家庭の児童に限られることとなった。

私の台湾での取材を親身にご指導頂いた林彦卿氏（前述）も典型的な「国語家庭」に育った。林氏は言葉遣いから身のこなしまで、すべてが日本人より日本的なひとだった。それもそのはず、子供時代の林氏は父親（医師の篤衷氏）から「日本語の発音が悪くなるから」といわれて、中国語はおろか、台湾語も習わせてもらえなかった。その結果、日本人にとっても全島一の名門校とされた台北第一師範附属小学校に入学し、その後も台北一中、台北医専とエリート街道を歩いた。

日本時代の台湾人にとって一番の出世コースは医師になることだった。日本人が各界の要職を占めていたことに加え、マラリアなどの風土病の多い台湾にあって総督府が医学教育に力を入れたことにもよる。今日、台湾人医師が日本をはじめ、世界で活躍する所以でもある。

ちなみに林氏は二・二八事件当時、台北橋の東端に住んでいたので、橋の上から淡水河に浮かぶ多くの死体を目撃し、また同事件で殺害された林茂生氏にも一時師事したことがあり、同事件の恐ろしさを身近に知るひとでもあった。そうした貴重な体験を、もちろん日本語で著したのが『非情山地』（二〇〇二年初版）で、今も多くの台湾ファンから日本時代の台湾を知る好著として愛読されている。

ともあれ、林氏のような親日世代にとって、日本の湾生は常に「おい」、「お前」の関係であり、その強い絆は国交断絶をも乗り越えて余りあるものがあった。

一方の湾生はどうかというと、戦後の台湾を案じる日々が続いていた。特に二・二八事件とその後に続く白色テロの真相がわかるにつれ、これも日本が起こした戦争ゆえと自責の念に駆られるのだった。

しかし、湾生（終戦時に台湾から引き揚げた軍民は約五十万人で、この内戦後私たちが〝湾生〟と呼ぶ者は約二十万人だった）の大半は戦後の混乱の中、異郷の日本で生きていくのが精一杯だった。

それが二十年、三十年と過ぎていく中で、望郷の思いが年々募り、また自らの生活に余裕ができてきたことで出身学校ごとの同窓会や各県ごとの台湾会なるものを次々と結成して台湾との親善交流を開始したのである。

こうした中での一九七二年の国交断絶だった。今も湾生の多くが「あのときほど大きなショックを受けたことはなかった」と回顧する。それは台湾の旧友との縁が切れやしないかという寂しさと同時に、台湾の人の心情をよく知るがゆえの自虐の念からであった。自分たちが日本に引き揚げてからも台湾からの親愛の絆は途絶えることなく寄せられており、そうした台湾の皆さんへの答えが日本からの一方的な国交断絶とあってはあまりに酷であり、裏切り行為のなにものでもなかったからだ。国交断絶後、湾生の皆さんの虚脱感がしばらく続いたのも無理のないことだった。

しかし、七〇年代も後半になると、望郷の思いがいよいよ強まって、「我ら湾生こそ国交断絶を乗り越えるパイプ役になろう」との気運が急速に盛り上がるのだった。そして、戒厳令下のお咎めがない範囲で待望の同窓会が台北で、高雄で開かれていく。

湾生にとって訪台は紛れもない里帰りである。三十年ぶり、四十年ぶりに見る我が家はどうなっているのか、台湾の懐かしい輩はご健在だろうか等々、高鳴る胸を押さえながらの里帰りであった。中には戦後の迫害や弾圧の犠牲になった旧友、知人もいたはずで、今は亡き輩の墓前での再会となった湾生も数多くいたに違いない。

懐かしい母校訪問がつづいた90年代
（建成会記念誌から）

こうした湾生の里帰りは八七年の戒厳令解除を機に一挙に増え始め、九〇年代半ばにかけて最高潮を迎えるのだった。台北や台中、嘉義、高雄、花蓮の各地で毎月必ずどこかの同窓会が見られるほど。私も〝なる台〟の取材と称して各同窓会場を訪ね歩いてはご相伴に預かった次第。

台北一中の麗正会、台北高校の蕉葉会、台北第一師範の芝山会、建成小の建成会、旭小の正榕会、第一高女のみどり会等々の祝賀会の光景が今もはっきりと目に浮かぶ。四十年ぶり、五十年ぶりの再会も瞬時に昔のクラス仲間の顔となって、「日系台湾人が帰ってきたぞ」と湾生が声をあげれば、親日世代が「俺たち台湾系日本人が待っていたぞ」とやり返す盛り上がりようだ。そして肩を組み合って懐かしい校歌を高らかに歌うのである。

台北高校出身の李登輝総統も同校の同窓会によく出席して、居並ぶ湾生を前にして校歌や寮歌を独唱して万雷の拍手を浴びたという。

なかでも思い出されるのが建成会の会長として長年にわたって母校訪問を呼びかけ、台湾との交流拡大に尽力した岡部茂氏（前述）である。岡部氏は終戦で引き揚げるまで台北の大正町で過ごした。自他ともに認める日系台湾人である。私も何度かお会いしたが、台湾の話になると途端に目が輝き、「明日にも一緒に台湾に行きましょう」と言うようなひと。

そんな岡部氏が諸手を挙げて喜んだのが二〇〇一年五月に母校訪問したときのこと。台北市が建成小を歴史的建造物として永久保存することを約束してくれたのだ。このことは建成小卒業生のみならず、多くの湾生の一大朗報となった。

岡部氏はその後も同窓生仲間と母校訪問を重ね、二〇〇七年五月には総統府でときの陳水扁総統と長時間面会し、同総統から「前回、台北市長のとき約束した建成小の永久保存について、正式に〝当代美術館〟（現代の優れた美術品を展示する）としていつまでも残すことにします」との温かい言葉を頂いた。

さらに二〇一三年にも九十五歳の高齢を押して訪台し、これが最後の母校訪問となった。岡部氏が生前、母校訪問から帰国するたびに語った「台湾への感謝」の言葉が忘れられない。「台湾の皆さんは今も日本時代の建物を大切に保存し、我々卒業生を日本時代の学校創立時から教えた先輩として迎え、戦後半世紀以上が過ぎた今なお創立記念祭を一緒に祝ってく

日本時代の名建築家松ヶ崎萬長の手になる新竹駅舎

れる。こんな素晴らしい国、台湾に生まれ育ったことを本当に誇りに思います」と。

改めて、岡部氏の長年のご指導とご尽力に感謝し、ご冥福をお祈りします。

もう一人は廣繁喜代彦氏のこと。廣繁氏は根っからの基隆っ子で、私が〝なる台〟の取材当時は堵陵会（旧基隆中同窓会）の会長として日本時代の遺産を日台の若者に語り継ぐ活動をしていた。

例えば、廣繁氏が子供の頃からの遊び場だった基隆駅。これは明治末期の〝幻の建築家〟といわれた松ヶ崎萬長氏の作で、他に台北西門市場の八角堂や新竹駅、台中公園などが同氏の作品として今も健在であると。

西門町の八角堂は現在〝西門紅楼〟と変わったが、赤レンガのレトロな外観は昔のままだ。建物内はリノベーションされて、往時の市場に代わって、おしゃれなギャラリーや工房、みやげ店などが入る街のシンボル的存在である。

新竹駅は台湾最古（一九一三年完成）の駅舎として、日本の鉄道ファンもはるばる見にくるほどの歴史的、文化的な遺産である。二〇〇七年に台湾新幹線の開通によって新駅が郊外にできたが、旧駅舎は在来線の駅として今も現役である。台中公園はご存じのように今も市民憩いの公園として多くの市民に親しまれている。

さらに戦前の基隆で活躍された石坂荘作氏が私費を投じて造った石坂公園が戦後、基隆随一の観光名所の基隆公園となっていることに基隆っ子としては何より嬉しいと目頭を熱くするのだった。

このように、湾生にとって思い出の街や建物が美術館になったり、レストランや宿泊施設に活用されているのを見ると実に嬉しいものである。なぜなら、多くの湾生の心の中に、戦後の台湾が新しい支配者のもとで苦難の道を強いられたことに対し、何もしてあげられなかったという内心忸怩たる思いをずっと引きずってきたからだ。

それが四十年、五十年ぶりの里帰りで台湾の人から温かく迎えられ、また自分たちの造った建物がなお大切に活かされているのを見るとき、長年の自責の思いが解き放たれた気持ちになるのだった。

だが、湾生と親日世代の再会には悲喜こもごもなものがあった。中には前述した映画『多桑』にも似た、悲しい再会劇となった同窓会もある。これから話すことは私がじかに体験したケースなのでよく覚えている。

確か、一九九三年の春先のこと。当時、埼玉県在住の湾生、平戸昭氏から突然連絡が入った。「この冬、私の母校の卒業五十周年を台湾で開くので、その準備のため訪台したいのですが、もし宮本さんの次の訪台とうまくドッキングできれば一緒に行って、取材のお願いをしたいと思いまして」という取材の依頼だった。

平戸氏の母校とは旧嘉義商業学校のことで、同校を昭和十八年十二月（戦争激化のため卒業式を三ヶ月くり上げて実施した）に卒業した平戸氏にとって来る十二月がちょうど卒業五十周年に当たる。そこで日台双方の卒業生から母校のある嘉義で五十周年記念の合同同窓会を開こうという話になったとのこと。

平戸氏はそれまでも訪台を何度となくくり返して嘉義の同窓生と交流を続けていたが、今回ばかりは記念すべき同窓会ということで準備の段階から私に同行取材をしてほしかったようだ。なので、台湾に向かう機内でも嘉義で過ごした思い出話が尽きることはなかった。

「そういえば、戦前の野球ファンを熱狂させた嘉義農林（昭和六年の、いわゆる夏の甲子園で台湾代表として準優勝した）で一時学んだこともありましたよ」などと。

台北に着くと、私の定宿の国王大飯店に台湾側の幹事、郭樹雄氏が待っていてくれた。二人は会うなり、十二月の祝賀会のことで頭がいっぱいのようだった。

郭氏によると、昭和十八年に卒業した同窓生は日本人五十三人、台湾人二十六人の計八十九人で、このうち戦死したり、病死したりして、現在六十三人が健在ということだった。戦死、病死した中には二・二八事件と白色テロの犠牲者もいたようだが、平戸氏はあえてそのことを問おうとはしなかった。祝賀会の準備を夢中になって話す郭氏に水を差したくなかったからだ。

実際、郭氏はこの数ヶ月間というもの、十二月の祝賀会のことに没頭し、当日の会場や食事のこと、ホテルの手配、さらに日本からの同窓生のためにさまざまな観光プランを一人で考えてくれていたのだ。

また、郭氏はこの日私たちに、卒業当時の校長だった井芹善蔵先生を二十年前に熊本の自宅に訪ねたことを初めて明かしたのだった。「あの日は大みそかの寒い日でしたが、井芹校長先生はコートのエリを立てて、私が駅に着くのを何時間も待っていてくれたんです。駅から下りてくる人を見つけては『あなたは台湾から来た郭さんと違いますか』と声をかけながら。その姿を一列車遅れて到着した私はホームの上からしばらく見ていたんです……」と。井芹校長はその後九十一歳で亡くなったという。

「井芹校長が元気なうちに合同の同窓会を開きたかったね」と、平戸氏がつないだ。

平戸氏と郭氏はその夜、深夜まで語り明かし、最後に井芹校長が作詞した校歌を口ずさむのだった。

〽天そそり立つ新高の
　麓に集う健男子……

しかし私は郭氏と約束したにもかかわらず訪台の都合で卒業五十周年の同窓会を取材することができなかった。今もそのことが悔やまれてならない。というのも同窓会が予想もできないことになったからだ。

それは同窓会を終えて帰国した平戸氏から知らされた。平戸氏によると、同窓会は十二月ではなく、十一月二十三日に行われた。祝賀会も盛況のうちに終わって、日台の同窓生が懐かしい嘉義市内をバスで見物中、郭氏が静かに息を引き取ったというのだ。

「あの日も郭さんは同窓生の中でいちばん元気に見えましたから、ほんとにびっくりしました。息を引き取る数分前まで嘉義駅や専売局の思い出話をみんなに披露していたくらいですからね。それで急に静かになったので私たちは居眠りでもはじめたんだろうくらいに思っていました。とてもすやすやといい顔をしていましたから。郭くんは私たちの知らないところで、余生の全エネルギーをあの日のために注いでいたのでしょう。祝賀会が無事終わってほっとした途端、それまでの疲れがいっぺんに出たんでしょ。きっとそうだったんですよ」と、平戸氏。

私もそう思わずにいられなかった。

郭氏の葬儀は日台の同窓生が参列して十二月六日、台中で行われ、平戸氏は同窓生を代表して弔辞を読まれたとのことだった。五十年ぶりの再会が友との哀しい別離になろうとは誰が予想できたであろう。しかし私には郭氏の死は映画『多桑』とは違って、自分の夢をかなえた末の清々しいものに思えるのだった。

こうした同窓会に続いて湾生が向かった先は懐かしい我が家だった。戦後も五十年も経てば我が家も、よく遊んだ公園もすっかり変わり果てているに違いないと想像しながらも、それでも家の庭石のひとつでも見つかればとの思いからだった。私もそうした湾生の何人かと同行したが、やはり懐かしい我が家はほとんどなくなっていた。

その一人、日本時代は古亭町に住んで台北一高女に通ったという加藤寿子さんと同行することがあった。加藤さんの我が家もすでになく、往時の思い出だけが募ってくるようだった。「我が家には当時、大小さまざまな油絵があちこちに掛かっていたんですよ」と。

加藤さんがその後絵の道にすすんだのも幼少時の家庭環境のお陰だったようだ。そして高齢になってからは懐かしい台北の思い出を辿りながら『旧台北イラストマップ』まで描いたひとだった。

実はこの『旧台北イラストマップ』が私の台北の思い出をひとつ増やすことになったのである。平成五年（一九九三年）の初夏のある日、東京で水彩画教室を開いていた加藤さんから、「私のイラストマップを台北の友人、知人に持っていってほしい」と、頼まれたのだった。

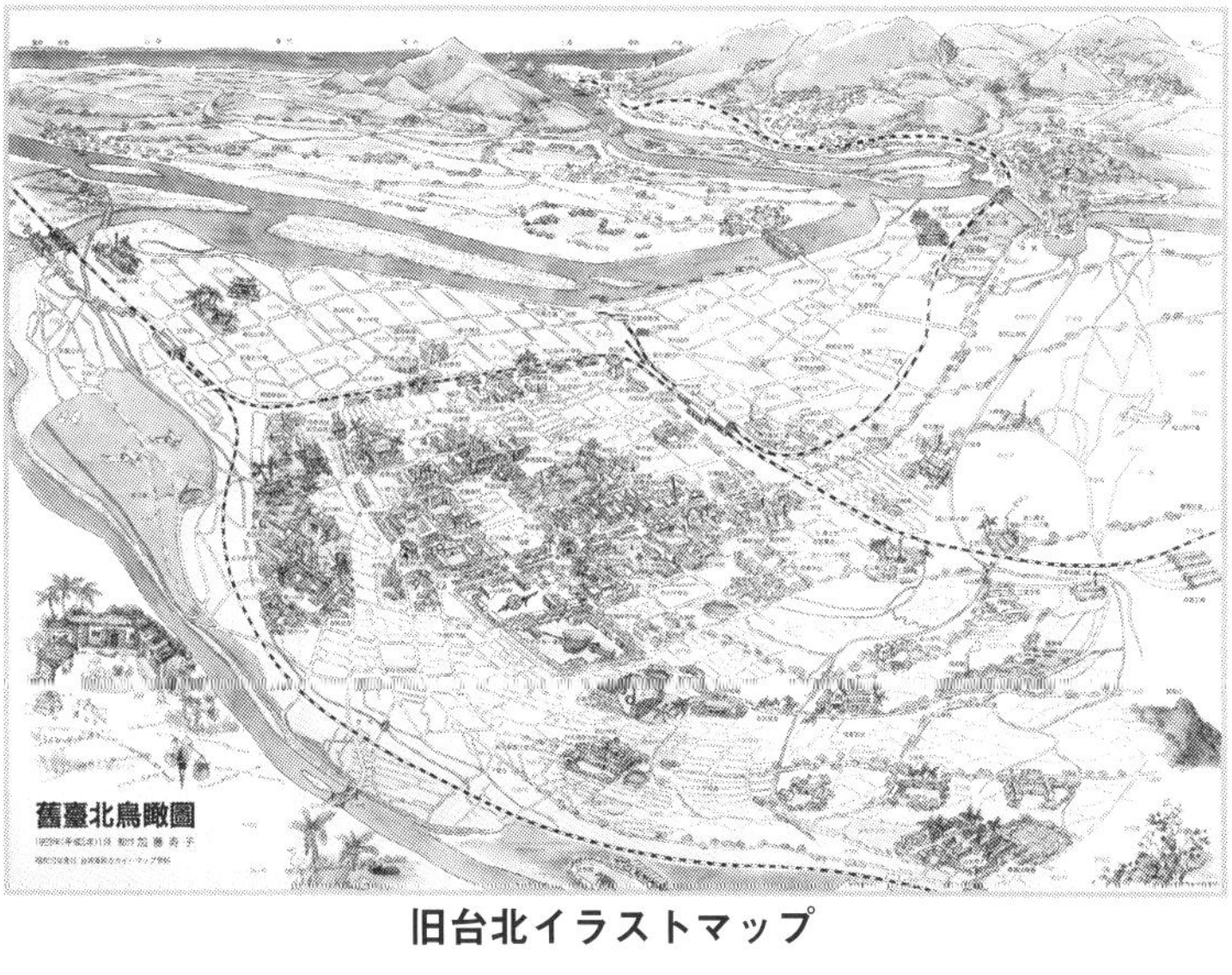

旧台北イラストマップ

そして、その届け先の一人が台北一高女の先輩である野田文苑さんだった。野田さんは台湾人男性と結婚して戦後もずっと台湾に生きる女性だった。このときすでに七十七歳の高齢となり、最近は足腰を悪くしてほとんど車イス生活という。

そんな野田さんが毎週欠かさず足を運ぶのが台北市内にある「玉蘭荘」とのこと。そこは戦後半世紀を台湾で暮らす、同じ境遇の日本人女性が集う場だった。私はこのとき初めて「玉蘭荘」(拙著『玉蘭荘の金曜日』参照)の存在を知ったのだった。

私はそれまでも台湾各地を取材して歩く中で、日本人らしき高齢の女性と何度となくお会いしていた(彰化の章でも前述)。しかし、彼女たちから「台湾に住んで四十年以上になります」といった挨拶を頂きながらも、どこか他人事として済ましていた。日本時代に台湾人男性と結婚した日本人女性が多くいたことを、そしてそのまま台湾に残留した女性も多くいるに違いないと思いながらも、私の不徳ゆえに、彼女たちを取材対象からはずしていたのだった。

それが「玉蘭荘」を知ったことで、改めて彼女たちのことが気になり、取材しようと思った次第。「玉蘭荘」は当時、台北の敦化南路と信義路が交差するあたりの、とあるビルの中にあった。

その日、私の来訪をすでに知っていたらしく、日本と台湾の高齢女性十数人が歓迎してくれた。日本の女性は野田さんを含めて七人ほどで、その中には戦争末期、台湾人と日本で結婚し、終戦と同時に夫に連れられて台湾に移ってきた女性や、大陸出身の国民党兵士と結婚して戦後蒋介石軍とともに台湾に渡ってきた女性もいた。一方の台湾の婦人はみな日本語世代で、日本語を使える喜びから野田さんらのお世話をしているとのこと。

当の野田さんは私が想像したとおりの、白髪の似合う素敵な女性だった。

「玉蘭荘のおかげで老後の生きがいができましたのよ」と、初対面の私を心好く受け入れてくれた。

戦前の台湾にあって、〝一高女〟といえば才女の学校と決まっていた。その伝統は今も台北随一の女子校（台北第一女子高校）として受け継がれている。

で、さっそく加藤さんから預かったイラストマップを手渡すと、野田さんの目はすぐに懐かしい我が家を追うのだった。

「そう、私の家はここ、京町にありましたのよ」と。

野田さんの声に、周囲にいた皆さんも一緒に地図を囲み、はしゃぐように往時の思い出話を始めるのだった。その表情は嬉々として、たちまち五十年前、六十年前の少女時代にもどっていくようだった。

閑話休題。

湾生の中には変化の激しい台北市内で懐かしい我が家と無事再会できた人もいた。日本時代〝台北の銀座通り〟といわれた栄町にブルーバードというコーヒーショップがあった。その御子息の新原一昌氏が一九九四年に訪台したとき、建物が昔のまんまに、しかも純喫茶店として営業しているのを見つけたのだった。私はそのときの感動の第一声を聞くことができた。

「懐かしき〝我がブルーバード〟は健在なりですよ」と口火を切って、当時の思い出を一気に語り始めるのだった。

「父は音響設備に凝っていて、いつも自分でレイアウトしながら楽しんでいた。集めたレコードは二千枚以上あり、二台のプレーヤーをよく切った竹針で静かにかけていた。客はインテリ層が多く、文学青年のたまり場にもなっていて、毎週土曜日にはコンサートを開いていた……昭和十六年十二月八日、近所の人たちと公会堂前の広場でラジオ体操をしていると、開戦の臨時ニュースがくり返し放送された……そのうち台北でも空襲警報が鳴るようになり、特に昭和二十年五月三十一日の大空襲は強烈で、日本人をふるえ上がらせた。台北の中心街は直径十メートルくらいの穴だらけで、総督府も内部がすっかり焼け落ちていた……思い出は尽きませんが、我が家がよくぞ残っていてくれただけで感無量です」と。

こうして、湾生の感動の里帰りの旅はまだまだ続くのであった。

第八章　日本時代の功労者を今も〝恩人〟と語り継ぐ

湾生の皆さんの里帰りの旅は自ら生きた日本時代を再発見する旅ともなった。母校訪問や懐かしい旧友との懇親会のあと、日本とゆかりのあるスポットを訪ね歩くとき、台湾のために献身的に尽力された多くの先人がいたことを、また、そうした日本人を自分たちの〝恩人〟として戦後脈々と祀り、語り続ける多くの台湾人がいることを思い知るのだった。

実際、台北や高雄などの街角で、昔の日本人について突然訪ねても、ほとんどの人から「児玉源太郎、後藤新平、新渡戸稲造」といった名前がすぐに口をついて出てくる。その表情からは「大恩人を忘れてなるものか」という矜持すら感じられるのだ。

児玉氏とは日本時代の第四代台湾総督その人であり、後藤氏は同総督の民生長官として多方面で活躍した人である。台湾の皆さんは今もこの〝児玉・後藤コンビ〟こそ今日の台湾発展の大恩人というのである。

特に後藤氏は道路や鉄道、ダム、築港等の交通・産業のインフラ整備に多大な成果を挙げるとともに、当時〝瘴癘《ショウレイ》の地〟といわれた台湾の衛生事情を格段に改善した〝台湾近代化の父〟としてその名をとどめている。帰国後も逓相、内相、外相等に活躍し、なかでも東京市長として関東大震災に遭遇した際には台湾での都市計画の経験を活かして画期的な東京復興計画をいち早く立案したことで知られる。

新渡戸氏はその後藤氏から招聘されて製糖業の発展に尽力した人である。殖産局長として蔗種や蔗苗の改良、製糖工場の近代化等を推進して、領台当初三万トンだった生産を児玉・

後藤時代が終わる頃には六万トンに倍増させた。新渡戸氏によって製糖業の基礎ができたことで台湾糖業は飛躍的に生産力を高め、昭和十二年には百万トンを突破するまでに発展した。新渡戸氏は日本でも著書『武士道』や、五千円券の肖像にもなった偉人として知られるが、台湾では〝台湾砂糖の父〟として誰もが知る存在である。

台湾の一般庶民でさえこのとおりなので、いわんや親日家の皆さんが台湾のために功績のあった日本人の胸像や記念碑を造ってしまうのも理解できようというもの。

特に愛日家として知られる台南の実業家、許文龍氏（当時、ＡＢＳ樹脂製造メーカーとして世界的に知られる奇美実業公司を経営）などは自費で、また資金を援助して前述の後藤氏や新渡戸氏をはじめ、日本時代の功績、功労者十人以上の胸像を製作したほどである。

その後藤氏の胸像は台南のゼーランジャ城（安平古堡）に、新渡戸氏の胸像は日本時代の砂糖の積み出し港だった高雄の台湾糖業博物館に展示されている。また、許氏ご自身が台南出身ということで、日本時代最後の台南市長として多くの功績を残した羽鳥又男氏の胸像を製作して台南随一の観光スポットの赤嵌楼に展示している。

ちなみに羽鳥氏は戦争末期にあって日本軍部からの風当たりが日増しに強まる中、歴史ある孔子廟や赤嵌楼の修復に努め、開元寺（鄭成功の子の鄭経が母のために建てた別邸）にあった台湾最古の釣鐘を軍の供出命令から守るなど、古都の文化遺産を身体をはって守り抜いた人である。ご存じと思うが、台南の孔子廟は〝全台首学〟と称せられる台湾最古の孔子廟であり、赤嵌楼は英雄・鄭成功ゆかりの建物である。

ここで台南の歴史を少しご紹介しよう。羽鳥氏がなぜ身体をはってまで古都を守ろうとしたかがおわかりいただけると思うので。

十六世紀、大陸の福建あたりから漢民族が台湾海峡を渡って台南周辺に移住し始めた。一六二四年、オランダ人が台湾南部を占領し、台南にゼーランジャ城やプロビデンシャ城などを築いて台湾の植民地支配を始めた。このオランダ支配に終止符を打ったのがご存じ、鄭成功である。

鄭成功は一六六一年（日本では徳川家綱の時代）、明朝の復興を掲げて二万五千の兵とともに大陸から台南に上陸。オランダ軍が築いた前述の城を次々と落とし、台湾を解放したのである。そして、プロビデンシャ城を赤嵌楼として、ここに〝承天府〟を置き、台湾統治を新たに開始した。この辺の活躍は皆さんも「国性爺合戦」等でよくご存じのはず。

しかし、鄭成功はその後三十九歳で亡くなり、鄭氏政権は三代、二十二年の短命政権で終わってしまった。ただし台南は一八八五年に行政機構が台北に移されるまでずっと〝台湾の首府〟であり続けた。これにより、台南が〝台湾の京都〟と呼ばれる所以である。

したがって台南にはオランダ、鄭成功、清の三代にまつわる多くの古寺廟、古蹟が現存し、しかもそれら一つ一つが歴史的、文化的価値の高いものとなれば、古都保存に情熱を傾けた羽鳥氏の思いも理解できようというもの。

台湾の古都・台南には孔子廟（写真）をはじめ多くの古寺廟が点在する

羽鳥氏の善政は戦後も語り継がれ、同氏の生誕百十年にあたる二〇〇二年四月、前述の許氏から胸像が寄贈されたのだった。羽鳥氏の足跡については私も次男の道人氏（当時㈶台湾協会の常務理事）からよく聞いていて、親子二代にわたって日台親善に努める姿にいつも感銘を受けていた。

さらに台湾の人が日本時代の功績として高く評価し、感謝するのが衛生面のこと。二〇二〇年からの新型コロナウイルスをいち早く克服できたのも日本時代に培われた衛生観念があればこそというのだ。そうした話の中で後藤新平氏とともに名前が挙がるのが土木技師の浜野弥四郎氏のことである。

浜野氏は領台後ほどなくして台湾に渡り、スコットランド人のバルトン技師の助手として全台湾の生活環境の改善、そのための上下水道の整備に取り組んだ。途中、バルトン技師が病に倒れてからは自ら責任者となって、まさに前述した八田技師と同様に職務に精励し、二十年余の歳月をかけて台北や台中、台南等の主要都市の上下水道のほとんどを整備、完成させたのだった。

当時の台湾にあって、きれいな飲み水は夢のような喜びであり、その功績は学校の教科書にも紹介されるほど。浜野氏が心血を注いで造った台南水道（台南県山上郷）は今も現役として稼働し、ここにも許氏の製作した胸像が置かれている。

また、前述した蓬莱米の父と母といわれる磯永吉氏と末永仁氏の胸像も許氏が改めて製作したものだ。改めてといったのは、日本時代につくられた胸像が軍の供出命令で壊されていたからだ。このことを私はご子息の昇氏から聞いていた。

「大正時代、私の父は台中州農試場長として、磯永吉氏は台中州の農務技師として十数年余にわたたって米の品種改良に努めた結果、大正十年、二人はついに〝台中六十五号〟（同十五年に〝蓬莱米〟と命名）を作り上げました。父は胸像などをつくって頂いて、皆さんから大変感謝されたのですが、五十三歳の若さで亡くなり、せっかく作って頂いた胸像も軍の供出でなくなってしまいました」と。

二人の胸像はいま台湾大学内で見ることができる。許氏はこの他にも、日本時代に先進的な環境ダムを作った鳥居信平氏や、台湾の風土病撲滅に生涯を捧げた羽鳥重郎氏、台湾紅茶の産みの親といわれる新井耕吉郎氏など、多くの胸像作りに資金援助したことを忘れて

台中平野の農村を訪ねると、すぐに〝蓬莱米〟の自慢話が始まる

はならない。そして、胸像製作の傍らも、一九九九年五月には地元台南で、後藤氏と新渡戸氏の業績を称える国際シンポジウムの開催を呼びかけ、また自らも李総統時代の国策顧問となって同総統を支え、親日政策を強く推進してくれたのである。

しかし、台湾各地を取材すると、許氏が胸像を製作した功労者以外にもその土地土地で代々語り継がれる日本人がまだまだ多くいることを思い知る。

例えば、台湾の玄関口である桃園国際空港から一歩街なかに入れば、土地の者が領台当初の苦難に満ちた灌漑事業について教えてくれるだろう。

当時の桃園台地には灌漑用の河川がなく、大半が不毛の地であったと。これを一大穀倉地に変えようと総督府が挑んだのが大正五年（一九一六年）のこと。しかし事業は淡水河上流の大渓郡龍譚庄（現在の石門ダム付近）から取水し、いくつもの山のトンネルを掘って桃園まで導水するという難工事となり、昭和三年（一九二八年）の竣工までに事故やマラリア等で多くの犠牲者が出てしまった。

この日台の犠牲者を祀る供養塔が今も大渓にある。供養塔は高さ三メートルほどの立派な石碑で、背面に工事で犠牲になった故人名が日台の区別なく刻まれている。この供養塔は今も地元の水利会（組合）がしっかりと維持管理し、春と秋には水の恵みに感謝するとともに工事の犠牲になった人々の霊を慰める例大祭を毎年行っているとのこと。灌漑事業では八田技師の嘉南大圳が有名だが、実は台湾各地の山々で、河川で台湾の開拓と発展のために苦難の汗を流した多くの先人たちがいたのである。

また、そういった先人の足跡を地方の山村などで偶然見かけたりすると胸が一杯になるものだ。私も地方の取材先でそうした思いを幾度となく経験した。その一つをご紹介しよう。

高雄郊外の小さな山あいの町、美濃を訪ねたときだった。美濃は客家人の多く住む町で、戦前はタバコ、バナナ、サツマイモ、戦後は稲作を中心にパイナップルやマンゴーなどの南国フルーツの栽培、さらに観光客には蝶の生息地として、また美濃傘などの伝統産業の町として知られる。

ちなみに台湾は〝美蝶の国〟でもある。日本に生息する蝶はせいぜい二百四十種くらいなのに、台湾にはざっと四百種以上が生息する。面積が日本の約八分の一であることを考えれば、台湾蝶の密度はダントツの世界一といえそうだ。このため、毎年六月前後のシーズンともなると世界中の蝶マニアがどっとやってくるほど。私の友人にも蝶マニアがいて、台湾に美蝶見たさに何度か足を運んだと聞いていた。なかでも蝶マニアに人気なのが台湾の国蝶で〝幻の蝶〟といわれるフトウアゲハとのこと。台湾にはフトウアゲハなどの美蝶、珍蝶が見られる〝蝶の谷〟が十ヶ所以上もあって、その一つがここ美濃の黄蝶翠谷なのである。美濃から二十四キロ先の六亀にかけては春にウスキシロ蝶が大発生する〝美蝶街道〟といわれ、この時期に限っては静かな町も観光客で賑わうという。

私が訪ねたときは、この美蝶に加えて、もう一つの観光目玉をつくろうと、町の若者たちが新たに愛郷（町おこし）運動を始めたところだった。聞けば、その観光資源の一つとして日本時代からの水力発電所と灌漑用水を考えているとのこと。若者たちはさっそく、町はずれにある竹門水力発電所へと案内してくれた。美濃の人たちにとって日本人が残した発電所は今でも自慢であるらしく、発電所の設計技師だった青柳義男氏（昭和二年歿）と二人の殉職者の碑を大切に管理している。

さらに稲田の方に目をやると、記念碑らしきものがポツンと建っている。それは土地の人が〝獅山大圳〟と呼ぶ灌漑用水を造った日本人、岡田安久次郎氏の記念碑という。改めて美濃の町を見れば、岡田氏らの造った水路が町を縦横に潤し、さながら〝水の都〟である。これなら生活用水どころか、観光資源としても充分な価値があると思い、若者たちにそう伝えると、皆さんが手をたたいて喜んでくれた。

美濃の町に夕闇が迫ると、水路の両岸に女たちの食器を洗う姿が増え、そのあまりのノスタルジックな光景に、私の足はずっと止まったままだった。そのとき、女たちの一人から「私は昭和三年生まれです」と、日本語のあいさつが飛んできた。女性は林金娣といって、美濃公学校で恩師の船元先生から日本語を教わったからという。

「その船元先生から戦後届いた〝南の国の教え児へ〟という手紙が今も私の一番の宝物です」と。

美濃のような小さな町にも多くの「日本」が息づいているのだった。

もとより、有名観光地でも日本時代の功績を多く聞くことができる。日本人観光客にも人気の阿里山へと登れば土地の古老が得意気に教えてくれる。

「いま、あなたが乗ってきた阿里山登山鉄道は日本時代につくった森林鉄道ですよ。当時は阿里山の木材を毎日のように伐り出しては運搬し、下の嘉義で製材（嘉義駅の北側に当時日本最大規模の製材所があった）して内地へ運んだものです。明治神宮（大鳥居）や靖国神社（神門）、橿原神宮など、みんな阿里山のヒノキで造ったんですよ」と。

そして古老の昔談義は森林鉄道を敷設し、〝阿里山開発の父〟としてその名が残る河合鉎太郎博士のことに及ぶ。

河合博士は当時日本初の林学博士として前述の後藤民生長官から招聘され、明治末から大

河合博士が開発した阿里山登山鉄道

正初めにかけて阿里山の豊富な檜材を運搬するための森林鉄道の開発設計に従事した。この間、標高七百四十三メートルの独立山をいかに攻略するかといった、いくつもの難題を克服しながらついに高低差二千百メートル、全長七十二キロ余の全線開通を実現したのだった。その多大な功績を称える記念碑（日本時代に建立）は今も阿里山の森のなかに静かに建っている。

さて、今度は東台湾を訪ね、日本時代の功績を聞いてみよう。

東台湾は台湾海峡沿いの西台湾とはたいぶ様相が異なる。西台湾は比較的平地が多いのに対し、東台湾は険しい山々が太平洋に迫る地形であるため、農地に適した平地はいたって少ない。こうした厳しい自然環境に加えて、前述の花蓮の項で紹介したように、マラリアなどの風土病が蔓延する土地だった。

このため、領台当初にこの地に移り住んだ先人たちの開拓が並大抵のものでなかったことは容易に想像できる。したがって、東台湾の各地から日本時代の功績として聞こえてくるのもそうした苦難に満ちた開拓史そのものである。

東台湾のなかでは最も大きな宜蘭（現材の蘭陽）平野。その中央を流れる宜蘭河の河岸に「西郷庁憲徳政碑」という巨大な記念碑がたっている。西郷庁とは西郷隆盛の長男、菊次郎氏のこと。菊次郎氏は領台二年後の一八九七年に宜蘭の初代長官（県知事に相当）となり、以後五年半にわたって父隆盛譲りの徳のある善政を行った。その功績に感謝を込めて住民有志が明治末に記念碑を建立したものだ。

なかでも宜蘭住民が菊次郎氏の多大な功績として代々語り継ぐのが〝西郷堤防〟と呼ぶ治水工事である。菊次郎氏が着任した当時の宜蘭河は台風のたびに氾濫し、田畑や家屋を一挙に押し流す暴れ川だった。この窮状から住民を救うため、菊次郎氏は大規模な治水工事に取り組んだ。一年五ヶ月の歳月と巨費を投じて長さ十三キロ余の堤防を完成させ、以後宜蘭河の洪水は二度と起きなくなったという。

なお、前述の記念碑は一九九〇年に発見され、今も宜蘭の人々はしっかりと見守っている。

宣蘭から太平洋岸を南下すると、花蓮、そして台東へとつながる。この一帯は今も旧高砂族が多く住み、台湾でも最も親日的な土地柄である。特に農業に携わる皆さんは口をそろえて「日本人が苦労して〝吉野米〟をつくってくれたお陰で、今もこうして美味しいお米が食べられます」と、熱烈歓迎してくれる。

吉野米とは明治末に日本からの移民村第一号として花蓮に開村した吉野村が生産したお米のこと。ちなみに「吉野村」は当時の移民のなかに徳島県吉野川流域からの出身者が多かったことによる。その吉野村に移住した日本人が人跡未踏の未開の地を一鍬一鍬開拓し、苦難の末に開発した米が今も〝吉野米〟として美味しい米の代名詞になっているのだ。

山口政治氏はこの吉野村に大正十三年に生まれた、根っからの湾生だった。東京の公務員生活が終わると、毎年のように故郷・花蓮港（湾生は花蓮を〝花蓮港〟と呼ぶ）を訪ね、地元の

日本の移民が開拓した東台湾のいま

東台湾の人は今も〝吉野米〟をつくった日本人への感謝を口にする

皆さんと旧交を温める人だった。そして口を開けば往時の苦労談、山口氏の親世代の開拓がいかに大変だったかを熱く語るのだった。

私も山口氏から花蓮の開拓について何度もうかがったが、そのなかで特に印象に残ったのが「三族協和」という言葉だった。三族というのは日本人、台湾人、そして高砂族のこと。三族は領台当初、お互いに啀み合っていたが、日本人の共存を呼びかける粘り強い努力が実って、最終的には三族が協和して開拓し、ついには〝吉野米〟を産するほどの理想郷を実現したというのだ。

特に日本人が腐心したのが高砂族対策だった。山口氏の住んだ花蓮から台東にかけてはタイヤル、アミ、ルカイ、ブヌンといった多くの高砂族が住み、日本の支配をよしとしない者らが頑強に抵抗していたからである。しかもその中には当時なお〝首狩り〟の悪しき風習を残す部族もあり、極めて危険な存在であった。日本との主な衝突事件としては明治二十九年の新城事件、同三十九年のウイリー事件、同四十一年の七脚川事件、そして大正三年の第五代佐久間左馬太総督による「タロコ大討伐」へと続き、その都度、双方に多くの死傷者が出ていた。

このため日本人は高砂族との融合を図るため、地道な努力を十年、二十年と積み重ねていく。大正十四年に台東に生まれた小野駿一郎氏から父の思い出とともに当時の高砂族対策を聞いたことがある。

「私の父（小野登喜太）は大正時代、台東で商売を手広くやっていて、よく言うなら、台東の〝民間総督〟のような存在だったようです。特に高砂族に対しては野球を教えたり、内地から相撲取りを連れてきて稽古をつけてやったりしてました。一方の母も父に敗けずの肝っ玉母さんで、お産婆として内地、台湾、高砂の別なく、幾千人もの赤ちゃんをとりあげ、その働きは今も台東で語り草になっているようです。こうした官民挙げての高砂族との共存努力が次第に実を結び、やがて都歴村（現信義村）から出た中村輝夫一等兵（アミ族出身の元高砂族義勇隊員、アミ族名スニョン、終戦後約三十年をモロタイ島で潜伏生活を送った）のような〝立派な日本人〟を次々と輩出し、今日なお日本語が最もよく通じる街として残っているんです」と。

さらに前述の山口氏と共著で『東台湾太魯閣小史』を書かれた冨永勝氏も三族協和による成果を熱く語る人だった。冨永氏は同じ移民村でも吉野村よりずっと北のカレワン飛行場（戦争末期には沖縄戦へ特攻隊が飛び立ったという現在の花蓮空港）近くの北埔農場で昭和二年に生まれた。

北埔農場は大正初めにこの地に進出した塩水港製糖の甘蔗栽培を主とする農場で、冨永氏はここで終戦の十八歳まで台湾人や周辺のタイヤル族とほとんど〝同居〟しながら育ったという。晩年の冨永氏がそうした思い出の地を訪ね歩く姿が二〇一五年公開の映画『湾生回家』（後述）に描かれている。

その冨永氏からとっておきのエピソードを開く機会があった。それは農場近くのエカドサン社（現佳民村）にあったお地蔵さんのこと。佐賀県出身の嘉村忠吾という人が北埔農場長だった大正十三年頃、周辺住民（特にタイヤル族）の精神的な拠所となることを願ってエカドサン社に勧請したもので、冨永氏が小学時代は同社の子供たちと一緒に掃除を兼ねてよくお参りをしたという。戦後、ここに一人の尼僧が住み始め、修行をしながら困窮者や病人のための救済と慈善事業を始めたというのだ。それが今では「普明寺地蔵王菩薩」として多くの信仰を得て、短大（看護科）や大学（医学科）を創立するまでに発展したとのこと。

「実はこの尼僧こそ、台湾で初めてノーベル平和賞候補となった〝台湾のマザーテレサ〟と呼ばれる證厳法師なんです。嘉村忠吾氏の思いが今日このように実を結んでいることが自分のことのように嬉しい思い出となっています」と。

冨永氏が語るように、東台湾に移住した日本人にとって、高砂族、とりわけ勇猛果敢なタイヤル族との共存はまさに死活問題であり、それだけに当時子供だった湾生にとっても一番の思い出となっている。

茨城県土浦市に住む相楽武彦氏は文字通りタイヤル族が住む村のまっただ中に昭和六年に生まれ、育った。前述した佐久間総督の「タロコ大討伐」によってタイヤル族の大規模な反乱は少なくなったものの、険悪な治安は依然続いており、相楽氏は子供ながらに駐在所の警察官として日々タイヤル族と〝裸のつき合い〟をする父（武氏）の雄姿が忘れられないという。

「私が生まれたタウサイ蕃はタビト（タロコ峡谷の中心、現在の天祥）から一日がかりで狭い獣道のような山道を登った標高三千七百尺の位置にあった。部落は五十数戸、二百人ほどでした。屋根は茅葺きか、竹を二つに割り、節を取った竹を交互に合わせ葺いてあり、壁は板で作られた簡単な造りだった。そこで父はいつも褌ひとつでタイヤルの村人たちと肩を組み合い、粟酒を酌み交わしていた。母は蕃社の娘たちに裁縫やお手玉、おはじきなどを教えていた。そんな父母を見ながら、私は蕃社の子供たちと終日弓矢や独楽、罠を仕掛けたりして遊んでいた」と。

こんな思い出を胸に戦後半世紀も過ぎた平成八年（一九九六年）に里帰りした相楽氏を当時の蕃社の皆さんが木曽の中乗りさんの歌で迎えてくれたのだった。

〽タウサイのナァー相楽さん
タウサイの相楽さんはなんじゃらホイ
いつでも褌一本……

「父がよく褌ひとつで木曽の中乗りさんを歌っていたのを蕃社の皆さんが戦後半世紀もたってなお覚えていてくれたんです。それだけ父が蕃社の皆さんに慕われていたことを改めて知らされ、あのときばかりは年甲斐もなく泣けて、仕方がなかった……これからも身体の続く限り、高砂族との絆を大切にしていきたい」と、相楽氏。

相楽氏とも交流のあった山口氏は次のように結ぶのだった。

「つまり、厳しい自然の中で日本と台湾、そして高砂族の三族が心を一つにして開発を遂げた。その絆の強さが今日に続く親日感情の土台であると。しかも、これらの開発が東台湾に限らず、全島各地で見られたことで、日台の絆がより深く広がった」と。

こうした湾生の感動の里帰りの中で、もう一つ感銘を受ける出会いがある。それは台湾各地の寺廟に日本人が〝神様〟として祀られていることだ。日本時代の功労者に感謝の意を表わすために胸像や銅像、記念碑などを造ることは理解できるとしても、神様にしてまで崇めるということはよほどのことである。しかも、主な〝神様〟だけでも数人以上にのぼるのである。

例えば、台湾北部の霊山とされる獅頭山勧化堂を訪ねると、廣枝音右衛門という人の位牌が祀られている。廣枝氏は大東亜戦争中、戦況が悪化するフィリピンで、自らの命と引き換えに部下である台湾人兵士らを無事生還させたからとのこと。戦後、生還した部下たちが自分らの命を救ってくれた廣枝氏を〝命の恩人〟として位牌を安置し、今に至るまで多くの有志が慰霊祭を続けているという。

嘉義の富安宮には森川清治郎巡査が〝義愛公〟として祀られている。森川巡査は明治の末期に台南州の東石郷副瀬村の派出所に赴任し、自費で寺子屋を設けて子供たちに読み書きを教えるなど、常にわが身を犠牲にして村民のために力を注いだ人である。現地では今も村の守護神として奉納を続けている。

さらに台南市安南区の飛虎将軍廟に行くと〝軍神〟として祀られる日本人がいる。杉浦茂峰兵曹長といって、戦争末期に台南上空の日米空中戦で墜落死した飛行隊員である。杉浦兵曹長が墜落する際、台湾人の集落を避けたことから、村を守ってくれた恩人として祀られることに。地元の小学校などでは杉浦兵曹長の武勇を人形劇にして教えているところもあるそうな。

以上の三人の神様の例からも、台湾の人は呉鳳伝説（十九世紀、呉鳳が自らの命と引き換えに高砂族の悪しき〝首狩り〟の風習をやめさせた。嘉義市郊外に呉凰廟と呉凰紀念公園がある）のように、犠牲的精神を持つ人物をいかに最高の人間とみるかを表わすものといえよう。

なお、飛虎将軍廟には思わぬ後日談がある。杉浦兵曹長を知る戦友が偶然にも今や軍神となっている杉浦氏と感動の再会を果たしたというのだ。その戦友とは前述の建成小の卒業生の畑勇氏で、二〇〇七年に母校訪問を兼ねて同窓生と南台湾を観光中に飛虎将軍廟を訪れたときのこと。そのときの様子を同年十月発行の「台北合同大会記念誌・建成」に書いている。

「（今回の旅行の中で特に感激したのは）過去の戦時中、海軍航空隊で約三ヵ月間寝食を共にして、零戦による空中格闘訓練の技術習得を共にした杉浦兵曹長が飛虎将軍として祀られている鎮安堂を拝観させて頂いた事でした。北朝鮮の元山航空隊で別れて以来、彼の消息は不明でしたが、今回の旅行で初めて知り、しかも彼は日本ではなく、台湾に於いて神虎として立派な廟に祀られている事は全くの驚きでした。そして彼が、台湾の人々から軍神として崇められ、神虎として祀られていることに、私としては大感激で、往時を思い出しました事は大きな収穫でした」と。

このときの畑氏の驚きと感動が今も鮮烈に伝わってくるようだ。

湾生の里帰りの旅はやがて台中の宝覚禅寺と台湾最南端の潮音寺へと向かうのである。

台中の宝覚禅寺といえば観光客の皆さんには巨大な布袋様（高さ約三十メートルの弥勒大仏）が優しく迎えてくれるお寺として知られるが、湾生にとっては日本時代に物故した一万四千人余の日本人と、先の大戦で日本兵として戦死した多くの台湾人が一緒に眠る〝台湾の靖国神社〟的存在である。

境内には日本人の慰霊塔とともに、台湾人のための〝霊安故郷〟（李総統の筆による）の慰霊碑があり、両者をつなぐように「友愛永伝の鐘」（湾生ら有志が日台の友愛が永遠なることを願って一九七一年に寄進した）が建っている。読者の皆様も宝覚禅寺を訪ねられ、日台の友愛の絆をぜひ受け継いでほしい。

もう一つの潮音寺は台湾最南端の鵝鑾鼻灯台の近く、バシー海峡を望む高台に建つ。戦争末期、米軍の潜水艦によってバシー海峡に沈没し、犠牲となった十万人以上の日本人、台湾人、韓国人の将兵を慰霊する施設である。

当時、鵝鑾鼻から猫鼻頭にかけての海岸には毎日のように遺体が漂着し、それらを地元の台湾人が手厚く葬ってくれたことを忘れてはなるまい。だが、漂着した中には無事助かった者もいた。その一人が中嶋秀次氏だった。

中嶋氏はバシー海峡を十二日間も漂流の末、奇跡的に生還した。中嶋氏は戦後もバシー海峡に沈んだ戦友を思う日々が続き、彼ら英霊をなんとか慰霊してあげたいと昭和五十六年、この潮音寺を建立したのだった。その後、中嶋氏（平成二十五年死去）の遺志を継ぐ日台の有志が同寺を維持管理し、戦後七十年にあたる二〇一五年から日台合同の慰霊祭が続いている。

こうして、湾生の五十年ぶり、六十年ぶりの里帰りは感動と感銘の連続、実に感慨もひとしおのものがあったことだろう。懐かしい我が家も、遊び慣れた公園もなくなり、街並みは格段に高層化、近代化されてはいたが、そこで再会する旧友や知人の気持ちはまぎれもなく昔のままであり、日本への親愛の情は以前より強まっているのを感じるのだった。

それは男女の関係にも似た、別れていたからこそ募る〝恋情〟のようでもある。湾生と親日世代の五十年、六十年のブランクがかえって両者の相思相愛の思いを一層強めることになったと、私はそう思えてならない。

さらに言うなら、日台の相思相愛の思いがこれほど長く続くのもすべては一緒に苦楽を共にした日本時代に尽きると思うのである。五十年にわたる日本時代において、双方がそれぞれに相手の長所を認め合い、敬いながら生きたからこそと言えるのである。

台湾の人が日本時代の功労者を今も〝恩人〟と感謝して胸像や銅像をつくり、日台の友愛を誓う合同慰霊祭を脈々と続けていることも日本時代を客観的に高く評価しているからに他ならない。湾生は九〇年代の里帰りを通じて、自分たちの生きた時代が台湾の皆さんに不幸をもたらすものでなかったことに安堵し、少しの誇りすら感じるのだった。

こうしたことが欧米列強の植民地国のなかで見られるだろうか。欧米列強はひたすら自国の利益のために植民地を支配し、搾取したのに対し、日本は自国と同等に予算を投じて施政を行い、台湾の発展を推進したのである。確かに植民地を統治するなかには〝光と影〟がある。しかし、台湾の人は〝光の部分〟により大きな比重を置いて日本を見ていることは確かである。こんな素晴らしい国は台湾をおいて他にないだろう。

あとは、湾生と親日世代が築いてきた〝友愛の絆〟を双方の若者がいかに受け継いでくれるかどうかである。

第九章　日台の若者が友愛の絆を継ぐとき

二〇〇〇年代に入ると、寄る年波に勝てず、私が長年にわたってご指導頂いた湾生と親日世代の皆さまの訃報が相次ぐようになった。台湾での同窓会もめっきり少なくなった。湾生の皆さんが訪台しようにも肝心の身体がままならなくなってきたからだ。

かく言う私自身も膀胱癌を機にすっかり身体を壊してしまい、一時は訪台どころではなかった。幸い、再発は免れたものの、その後も脳梗塞や心内膜炎と次々と病魔に襲われ、現在も脳腫瘍で通院している始末である。

しかし、台湾から最新情報が届くたび一喜一憂する日々に変わりはない。台湾は李総統後も着実に自由・民主化の歩みを続け、民進党と国民党が政権交代を重ねながらも市民生活最優先の政治姿勢が定着している。

何より嬉しいのは湾生と親日世代の思いを継ぐように〝日台の絆〟がますます強まっていることだ。双方に自然災害や不幸な事態が起きれば世界のどこよりも早く援助の手を差し伸べ合うといった、兄弟国のような関係が続いている。

一九九九年九月に台中大地震が起こった際は日本から世界に先駆けて救援隊が派遣され、逆に二〇一一年三月の東日本大震災に対しては台湾の皆さまから多額の義援金（市民一人ひとりの寄付による総額約二百五十億円）とともに多くの救済物資が寄せられた。

また、最近の新型コロナウイルス対策においても、台湾で感染が急拡大した二〇二一年六月には日本からアストラゼネカ製ワクチン百二十四万回分が台湾に提供された。ワクチンはその後も五回（二〇二二年末現在）にわたって提供され、その量は東南アジア各国に提供された中でも群を抜いて多かった。

ちなみに日本がワクチンを提供した二〇二一年は東日本大震災から十年目の節目の年であり、十年前の台湾からの支援に対し日本は多少とも〝恩返し〟ができたとよろこんだ。

一方の台湾も「まさかの時の友こそ、真の友」と感謝の意を表わし、両国の緊密な関係は一層強まっているといえよう。

そんな〝日台の絆〟を改めて感じさせたのが安倍元総理の死去に対する台湾の皆さまの心温まる対応だった。二〇二二年七月に安倍元総理が銃弾に倒れるという不幸な死に対し、台湾の皆さまはいち早く弔意を表わした。

日本の台湾での公的な窓口である交流協会台北事務所が同元総理の死亡から三日後の七月十一日から七日間、同事務所に追悼会場を設置したところ、一万三千人をこえる弔問の列ができたのである。これは安倍元総理が生前「台湾有事は日本の有事である」と呼びかけ、常に台湾に寄り添った言動をしてくれた、その恩義に対する台湾の皆さまの強い弔意の表われであった。

さらに台湾では安倍元総理の死去からわずか二ヵ月後に同元総理の銅像が建立されるという動きもみられた。銅像が建立された場所は高雄氏の紅毛港保安堂というところで、台座には〝台湾永遠的朋友〟（台湾の永遠の友人）とあり、銅像建立に至る経緯と趣旨が書かれている。

それによると、紅毛港保安堂の会長である張吉雄氏らが中心となって、元総理が死亡した翌日に早くも追悼会場を設置し、その後有志から広く寄付を募って、「台湾を全面的に支持してくれた安倍元総理に感謝の気持ちを込めて銅像をつくった」とある。

ここにも、恩義を忘れない台湾人の心ばえが感じとれよう。ちなみに同保安堂は先の大戦で撃沈された日本の軍艦と戦歿者の英霊を祀る、日本と関わりのある廟とのこと。

こうした〝日台の絆〟を将来的に確かなものとするには若者の動向が鍵となる。この点、親日世代が心強く思うのが自分たちの孫にあたる十代、二十代の若者が日本への親近感を急速に高めていることだ。九〇年代後半から社会現象ともなった「哈日族」（ハーリーズ、日本のことならなんでも大好きという若者たちのこと）などがその好例で、たとえ動機が日本のアニメやファッションであろうと、まずは日本に目を向けてくれることが親日世代の一番の願いであるからだ。

そして若者たちの日本への関心は「日本時代の台湾」へと目を向けることにもなり、その結果、湾生と営々と築いてきた〝友情の絆〟をもきっと理解してくれるのではないか、そう親日世代は期待するのである。

親日世代の期待通り、台湾の若者は前述した映画『多桑』を機に、自分の親、祖父である日本語世代の切ない心情を共感できるまでになっていた。そして、その共感は日本語世代の〝無二の友〟である湾生の存在へと注がれていくのだった。

　こうした若者たちの日本への関心と興味に応えるかのように、二〇〇〇年から二〇一〇年代にかけて日本絡みの映画が次々と公開された。二〇〇八年には日本人教師と台湾女性の六十年にわたる愛の軌跡を描いた『海角七号～君思う国境の南～』が、二〇一四年には戦前の全国高校野球選手権（甲子園大会）で台湾勢で初めて決勝まで勝ち進んだ嘉義農林学校野球部（前述）の活躍を描いた『ＫＡＮＯ』、そして二〇一五年には湾生そのものにスポットを当てた『湾生回家』など。

　なかでも『湾生回家』（湾生の里帰り）は湾生の皆さまの身を焦がすような台湾への郷愁が全編に溢れ、公開されるや観客数十六万人を超える話題作となった。映画には六人の湾生が登場し、そのうちの冨永勝氏（前述）は私も何度かお会いした人でもあり、映画の中で冨永氏が老骨に鞭打ちながら昔の知人たちを訪ね歩くシーンは湾生ならずとも胸が熱くなる感動ものだった。

安倍晋三元総理の銅像

実際、『湾生回家』は台湾の日本語世代はもとより、観客の大半を占めた多くの若者たちに感動と共感の涙を誘ったのだった。それまで湾生の存在に関心の薄かった若者が、こんなにも多くの湾生がいたことを、そして湾生の皆さんがこんなにも強く台湾を愛していることを知ったのだった。

こうした感慨は当然のことのように、若者たちの自国愛へと結びつく。日本人がこんなにも思ってくれる自分たちの国を誇りをもって見直すことになるからだ。それは国民党による戦後教育に育った自分たち自身を問い直すことでもある。

事実、台湾の若者の間には前述した映画『悲情城市』を機に、戦後五〇、六〇年代への郷愁と関心が高まり、同映画のロケ地となった九份の街（日本時代に金鉱山の街として栄えた）が若者によって一大観光地になるほど。二〇一九年に白色テロ時代を描いた映画『返校〜言葉が消えた日〜』が空前のヒットとなったのも若者たちの関心の高さを示すものだった。

つまり、若者たち自らが、戦後の歴史教育の中で空白だった日本時代や戦後の二・二八事件、白色テロ時代に正面から向き合い、自国の歴史を取り戻そうとする機運が急速に高まってきたということだ。そして、こうした若者たちの〝自国愛〟の動きが現下の台湾有事の大きな備えになることは間違いない。

現に、二〇二二年八月のペロシ米下院議長の台湾訪問を機に〝台湾有事〟が一挙に高まったあたりから、若い世代の間で「台湾語」の学習熱が急速に高まっているのだ。これは戦後の北京語（公用語）教育で育った若者たちが「台湾語」を話せなくなっていることに加えて、比較的「台湾語」を話す高齢者も年々少なくなり、このままでは「台湾語」そのものが消滅しかねないという共通の危機感があるからだ。

このため、自国愛に目覚めた若者たちは福建省閩南語をルーツとする「台湾語」こそ自分たちの〝母語〟として、北京語の使用を拒否する者まで現われるほどである。外省人系議員でさえ、選挙演説では努めて「台湾語」を使う時代である。

これも李元総統が推進した「台湾アイデンティティ」の大きな成果といえよう。台湾が中国から離れ、自立の道を切り拓いていくには確固とした「台湾アイデンティティ」が絶対不可欠と考えたからである。

李元総統が蒔いた希望の種が今、若者らに芽生え、このかけがいのない国を守ろうとしている。戦後の苦難の日々を必死に耐え抜いてきたことがここにきてやっと報われる思いがするのである。あとは若者たちに任せればよいと。自分たちの悲願である、台湾が自立国として国際社会に広く認知されるその日を、若者たちが必ずや実現してくれるに違いないと思うのである。

では湾生の方はどうか。先に述べたとおり、二〇〇〇年代に入ると亡くなる者が目立って増え、令和四年末現在では引き揚げ時には約二十万人いた者のすでに多くが他界されたと思われる。各小、中、高の同窓会も大半が解散となり、湾生の全国組織だった㈶台湾協会（私がご指導頂いた頃は新大久保にあったが現在は文京区の湯島天神近くにある）も令和四年末に訪ねたときは「最盛期に三千人を超えた会員も今は若い世代を含めても六百人ほどで、寂しいですが、先細りしていく運命かと思います」（林忠彦理事）という現状だ。

とはいえ、湾生の思いを継ぐ私どももすでに七十代となり、いわんや私の如き病気持ちには大した活動もできない。それでもできる範囲で台湾への支援を続けたいもの。

再三ご登場を願う風間氏も私と同様に寄る年波に抗いながら、台湾への思いを募らせている。むしろ昨今の〝台湾有事〟を前にして俄然生気がよみがえったように感じられ（失礼）、心強い限りである。

風間氏は台湾駐在中に台湾女性と結婚したこともあって、定年退職してからも台湾との往来を重ね、確かな交流を続けている。その数ある交流の中で一番の思い出であり、自分なりの成果というのが前述した明治大学時の恩師である王育徳教授の紀念館開館式に当時のゼミ仲間とともに参加できたことという。

同紀念館は頼清徳氏（二〇二四年五月から総統）が台南市長のときに発案したもので、二〇一八年九月九日、出身地の台南市に開館した。開館式典には日本のマスコミも多数取材する中、王教授とともに長年台湾独立運動を続けて来た多くの同志も参加して盛大に執り行われたとのこと。

紀念館には王教授の多方面にわたる業績が中国語と日本語で紹介され、全館に〝台湾の夜明け〟のために一生を捧げた王教授の熱い思いが溢れている。訪れる者は王教授の思いに共感すると同時に、台湾独立がいかに困難なものかを痛感させられるのだった。

風間氏も開館式典に参加したことで改めて〝台湾独立〟について考えるようになった。というのも、風間氏は同式典に参加したとき、思わぬ〝事実〟を知ったからだ。それは、李登輝元総統から開館に寄せて懇篤なお祝いのメッセージが送られていたことだった。しかも、その文面の中にかつて王教授と対面したことが書かれているではないか。後に国民党の総統となる李元総統がだいぶ以前のこととはいえ、ときの台湾独立の旗手ともいうべき王教授と対面することなど考えも及ばぬことであったからだ。

風間氏は、李元総統が総統に就任するかなり前から台湾独立に理解を示す貴重な資料としてこのメッセージを何度も読み返したという。参考までに李元総統から送られたメッセージの全文をご紹介しよう。

「王育霖さんと王育徳さんの兄弟は、ともに私の台北高等学校の尊敬する先輩でした。兄、育霖さんは台湾の司法を背負って立つ人材でしたが、非常に残念なことに二二八事件で犠牲になられました。弟の育徳さんは日本に亡命されましたが、私は東京で一度お会いし、台湾の将来について語り合ったことがあります。住む場所も与えられた環境も異なりましたが、私たちは共通の理念で結ばれていました。それは、台湾人の幸せを願い、その為に最善を尽くすということでした。育徳さんの魂はこの地で、台湾の幸福を見守り続けるでしょう」

このメッセージは常時、紀念館の玄関に掲示されている。

風間氏は事の真偽を確認するため会館の関係者に尋ねたところ、王教授と李元総統は確かに交流があったとのこと。それによると、李元総統は白色テロ真っただ中の一九六一年六月密かに来日し、日本ですでに台湾独立運動を始めていた王教授と面会したというのだ。このとき、二人は台北高校の先輩、後輩という間柄から腹を割って台湾の将来について懇談されたという。李元総統がその後、国民党の総統でありながらあらゆる分野で〝台湾化〟を強力に推し進めたことも、風間氏には逐一納得できたのだった。

風間氏はこれ以後、台湾の将来について考えるとき、いつも李元総統のメッセージのことが頭にあるという。つまり、王教授と李元総統の〝共通の理念〟とする「台湾の自立」をいかに平和裏に実現するかということである。

風間氏は現在、東京でも数少ない湾生の集まりである「東京台湾の会」に身を置く傍ら、王教授の子（王明理さん）や孫（近藤綾さん）と親交を続けながら〝台湾の夜明け〟を待ち望む日々である。

ちなみに、明理さんは台湾独立建国連盟日本本部の幹部として長年活動を続けており、また、綾さんも十年ほど前から「台湾を応援する会」（ゆるキャラ〝タイワンダー☆〟）を立ち上げて、日台の更なる絆づくりに東奔西走の活躍をするなど、お二人とも王教授の遺志をしっかりと受け継いでいる。

なお、王育徳紀念館には日本との関係についても紹介されているので、関心のある方は台湾観光のついでにぜひ訪ねてください（王育徳紀念館　台南市中西区民権路二段三〇号　休館日：毎週月曜日と火曜日　入館無料）。

問題はこれからである。湾生の思いを継ぐ私どもがなんとか頑張っている間に、将来世代の皆さんにぜひ台湾を愛する絆をつないでいってもらわなくては困る。

それこそ湾生の子孫の皆さまの共通の願いである。湾生の子や孫のみながみな親の遺志を継ぐとは限らないが、それでも私どもいち台湾ファンとは比較にならない、台湾への熱い思いが脈々と受け継がれている。

そんな一人が東京・練馬区にお住まいの加藤美智子さんだ。加藤家は領台当初に台湾にわたった祖父の錠五郎氏（法律家）から親子三代で台湾に暮らした一家で、美智子さん自身も一九四〇年に台北生まれの湾生である。したがって〝台湾愛〟は筋金入り。「もう、ラホヤ（老人）ですよ」と言いながら、その行動力は群を抜く。桜木の寄贈や台湾映画の日本上映、また着物を通じた交流活動など、まさに孤軍奮闘の活躍である。

なかでも情熱を注ぐのが若者の交流促進だ。台北第一高女（現在、台北市立第一高級中学）を卒業した母・淑子さんの遺志を継いで同校とお茶の水女子大学附属高校との相互交流を長年にわたって支援し続けている。現在は同じく湾生のご主人、田代實範さんと自宅の一部を〝日

日台の若者交流を支援し続ける加藤美智子さん（中央）

台友好交流の家〟として、日台の若者たちの台湾談義を何よりの愉しみにしている。

　と言いながらも、今の若者が外国の事情に極めて関心が低いことは百も承知のこと。連日、ウクライナの悲劇を目の当たりにしながらも、結局は他人事でしかない。まして、いまだ起こってもいない〝台湾有事〟といわれても今ひとつピンとこないのは当然といえよう。いや、若者に限らず、一般世論ですら台湾有事が即日本有事と捉え、真剣に憂慮する者は今なお少ないのが現状だ。

　しかし、私は諦めてはいない。新型コロナウイルスが流行する前の二〇一九年には日本と台湾の人的往来が七百万人（日本から二百万人余、台湾から五百万人弱）を突破する時代であり、日台関係がより身近なものになっていることは間違いない。このうち、かなりの若者が台湾の温かな人情味とおいしいグルメに魅了され、私どもと同様に台湾の虜になる者がきっと出てくるはずである。

現に十年ほど前から台湾のグルメをきっかけに台湾のファンになったという若い皆さんが「台湾を愛する会」なるものを結成して独自の日台交流を始めている。今のところは「政治抜き」らしいが、台湾との交流を深めていく中で早晩、台湾の行く末を案じ、そのための活動をしてくれるものと信じている。そうなれば、台湾の若者の〝哈日〟と日本の若者の〝哈台〟が結ばれて、文字通り〝哈日哈台〟(相思相愛)の太いパイプができようというもの。

湾生にとってこれほど心強いことはない。そのためにも、私どもはこれまで述べてきた湾生と親日世代の思いが山ほど詰まった、このかけがいのない国、台湾についてもっと若者に語り伝えていかなくてはならない。

残るは現実的な対大陸問題への対応、そして〝台湾有事〟への備えである。

第十章 自前の〝台湾国〟を目指して

台湾と中国大陸との両岸問題は私たちにとっても永遠のテーマであり続けた。私も取材で訪台するたび、台湾の人といつも最後に話題になるのが対大陸問題であった。

なかでも思い出されるのが李元総統が一九九六年の総統直接選挙に臨もうとした頃、台湾で一冊の本がベストセラーになったことだ。それは一九九五年八月に大陸が台湾に武力侵攻するという内容の『一九九五閏八月』という本である。しかもこの年、実際に大陸から台湾近海にミサイルが飛んできたことで、台湾国内は戦々恐々となったのである。裕福な者はカナダを中心に移民を申請する騒ぎとなり、市民の動揺ぶりを肌で感じたものだ。

そして今回、大陸のミサイルが再び飛んできた。世界がウクライナ問題で緊張が高まる二〇二二年八月、大陸の弾道ミサイルが二十七年ぶりに台湾近海に飛んできたのである。それはロシアのウクライナ侵攻と同様に中国の習近平政権の武力による台湾統一の可能性を改めて示すものだった。

しかし、今回の台湾の反応は前回とはだいぶ様子が違うのである。市民の一部に将来を見越した移民の動きがみられるものの、全体としては極めて冷静なのである。この冷静さは私には両岸問題の最終決直に向けた台湾人の覚悟のようなものが感じられ、一種、不気味な感すら覚えるのである。

台湾有事が俄かに世界の耳目を集めることになったのは二〇二一年三月、米インド太平洋軍のフィリップ・デービッドソン司令官が米議会の公聴会で「今後六年以内に中国が台湾を侵攻する可能性がある」と発言したことによる。

加えて習近平体制が二〇二二年十月の党大会と翌二三年三月の全国人民代表大会を経て、異例の三期目を迎えたことで、デービッドソン司令官の言う信憑性がより高まることとなった。というのも、習主席が両大会で台湾との平和統一を目指しながらも武力による統一を排除しないことを改めて言明し、その上で「外部勢力の干渉と〝台湾独立〟分裂活動に断固反対し、祖国統一のプロセスを断固推進しなければならない」と、台湾統一への強い意欲を示したからである。

しかも、デービッドソン司令官が予想する二〇二七年は習主席の三期目の任期が切れ、さらに中国人民解放軍ができて百年目という節目の年でもあることから〝二〇二七危機〟が一挙に現実味を帯びてきたのだった。

つまり、習主席はもとより、中国共産党の長年の宿願である祖国統一、即ち台湾統一を二〇二七年までに是が非でも果たそうということである。二〇二三年五月にシンガポール国立大学が発表した、中国人に対する世論調査（二〇二〇年末から二一年初めにかけて実施）においても中国人の半数が武力による台湾統一を支持しているという。そしてこの戦いはすでに始まっているといえよう。中国軍の艦艇や無人機等による威嚇が一段と強まり、また情報戦や心理戦を通じた〝平和攻勢〟があらゆる場、あらゆる人を狙って押し寄せようとしている。

今思えば、東台湾の項で前述した山口政治氏などはこうした事態が想定できたがゆえに亡くなる間際まで〝日台の絆〟を強く呼びかけていたのかもしれない。泉下の人となられた今となってはご教示を仰ぐこともできないが、山口氏を身近に知る私としてはその遺志を継いでこの〝台湾有事〟に立ち向かいたいと思う。

山口氏の遺志とは傘寿を超えて書き上げた『知られざる東台湾』（展転社、二〇〇七年刊）に込められている。私も小平のご自宅に何度かお邪魔して原稿整理のお手伝いをしたことがあり、お会いするたびに五百ページ余もの大作に挑む山口氏の気迫と執念に圧倒されたものだ。文字通り、老骨に鞭打ちながらの渾身の労作であり、遺作であった。

その言わんとするところは湾生として台湾への絶ち難い愛着と郷愁であるが、結びとして台湾の将来について書いている。

「いずれにせよ、日本人にとって台湾生活の五十年は素晴らしい体験となった。日本という国は一民族の社会であるが、我々湾生は台湾で他民族の人たちと触れ合う機会を得、幅広い視野を持つことができたことを幸福に思っている。いま台湾は厳しい世界情勢の中で苦しい境遇に遭遇している。しかし、台湾人はこれまでも何度も外来政権のもとで受けた苦難と試練の体験を生かし、その歴史の中から得た多元的文化を形成して必ず新台湾人としてのアイデンティティを逞しく確立していくであろう。台湾を故郷とする我々はひたすら台湾の将来が〝台湾人のための、台湾人による新しい台湾〟として国際的に確立達成することを念願し、実現されることを心から期待してやまない」と。

旧吉野村生まれの故山口政治氏
最後まで東台湾への郷愁が尽きなかった……。

山口氏の言う〝台湾人のための、台湾人による新しい台湾〟こそ、親日世代を中心とする多くの台湾人の長年の悲願であろう。そのことを山口氏は訪台するたびに台湾の旧友らと意見を交わし、また、ときの総統であった李元総統と親しく懇談する中で、台湾が将来にわたって生きていくには〝自前の国〟をつくる以外に道はないとの結論に辿り着いたのだと思う。ちなみに山口氏は李元総統とは台北高校の一年後輩で、同じく京都大学で学んだ交友だっただけに種々の同窓会等の席で時に気安く〝政治談議〟をする仲だった。そうした場で李総統が目指しているものが何であるかが痛いほどわかるのだった。李元総統は王育徳教授との項でも紹介したように、かなり以前から〝台湾独立〟に理解を示し、自前の国を持ちたいとの強い思いがあることを山口氏にも容易に推察できたからである。

しかし、山口氏には申し訳ないが、ここで筆を置いてしまっては現実的な国家戦略を考える上で迫力不足の感が否めないと思うのである。〝台湾人による新しい台湾〟という、その言わんとする国家像はわかるものの、この際、もう一歩踏み込んで、台湾人による新しい〝台湾国〟と言うべきではないかと。台湾自身が明確な国家観を持つことで初めて中国大陸からの巨大な併呑の波を押し返すことができると信じるからである。

かく言う私自身も中国との両岸問題に対してはいつもその最終決着を避けてきたように思う。武力衝突という最悪の事態を想定しながらも、もう一歩踏み出す勇気に欠けていたことを認めざるをえない。

私は一九九三年に『台湾・ミニ日本の奇跡』（講談社）を著し、その中で台湾は親（日本）の教えを戦後も忠実に守り、ミニ日本の道を歩んだ結果、九〇年代初頭には外貨準備高が日本を抜いて世界一に、一人当たりの国民所得も一万ドルを突破するという奇跡的な経済発展を遂げたと述べた。

しかし私はこのとき、親を慕う孝行息子（台湾）を国交断絶という形で一方的に切り捨てた薄情な親としての日本を責めただけで筆を置いてしまった。本来なら、台湾の素晴しい発展に対し親として精一杯の褒め言葉を送った上で孝行息子の行く末を最後まで見届けていく責務があることまで言及できなかったのである。このときのツケが今、台湾から突きつけられている気がしてならない。

台湾の親日世代の皆さんは再びの危機を前にしてこういうのである。

「日本にはこれまで二回も裏切られた。また今度も裏切るつもりかね。三度目の正直ではないが、今度こそ逃げないで、台湾を最後まで支援してほしい。まさかの時の友こそ真の友ですよ」と。

親日世代の言う「日本の二回の裏切り」とは前述来の国交断絶と、もう一つは終戦時における台湾への無慈悲な対応とのことだ。

つまり、「終戦に際し、日本は我々を置き去りにしたまま引き揚げていってしまった。あのとき日本は連合国に対して、台湾の戦後は台湾自身が決めると、もっと強く主張してほしかった」と。

敗戦という厳しい現実の中で、果たして当時の日本に台湾の人が望むような戦後処理ができたかどうか、今となっては如何ともし難いが、孝行息子として親を恋慕う当時の台湾の人からみれば日本を恨めしく思うのも当然のことかと。まして、自分たちの戦後を侵略者のような国民政府軍に一方的に統治されたとなればなおのことである。

さらに歴史的にみても、鄭氏政権（前述した一六六一年から一六八三年まで）後の清朝政府は台湾を〝化外の地〟として実質的な統治を長きにわたって怠ってきた、その清朝の後を継ぐ中華民国を祖国として今さら〝光復（祖国に復帰する）〟すると言われても台湾にとってはいい迷惑な話であり、とても承服できることではなかった。台湾の人は今もこうした無念の思いを抱いているのである。

いずれにしても、今回は台湾の親日世代が言う、三度目の正直である。私自身も〝まさかの時の真の友〟となるために、もう一度声を大にして申し上げよう。台湾の皆さんにはぜひ自前の〝台湾国〟をつくってほしい、いや、つくるべきだと。

そしてこれは、従来の曖昧模糊とした「一つの中国、一つの台湾」ではなく、文字通り「一つの中国、一つの台湾国」ということである。

しかし、これとて賢明なる読者諸兄からは、「それは現状を追認するだけのことではないのか。台湾は自ら苦難を乗り越えて経済的にも政治的にもしっかりと自立しているわけだから」とのお叱りを受けそうだが、実はこれ、大変に厄介かつ勇気のいることなのである。

ご存じのように、台湾は今なお「中華民国」を正式な国名としている。これを「台湾国」に変えるということはこれまで「中華民国」が拠って立つ歴史的根拠や経緯、しがらみ等をすべて清算することを意味する。

台湾人、とりわけ親日世代にとっては「中華民国」は外来政権であり、その拠って立つものもいっさい関係ないと言うかもしれないが、これは中国大陸からみれば実質的な「台湾独立」であり、それこそ武力による台湾統一のいい口実を与えるだけである。

しかも国内には「中華民国」を成立させた国民党が今も台湾の二大政党勢力として存在し、大陸の中共政権は国民党を唯一の交渉相手として、第二、第三の〝国共合作〟による台湾統一を画策しているという現実がある。現に、台湾の総統選挙があるたびに中共政権は陰に陽に国民党を支援している。

一方の国民党も常に中共政権に擦り寄る姿勢をみせている。二〇二三年三月末に大陸を訪問した国民党の馬英九前総統は滞在中「中国大陸と台湾は一つの中国に属する」と改めて〝一つの中国〟を繰り返すほどである。

したがって「台湾国」に脱皮するには国内外の二重、三重のしがらみを断ち切ることから始めなくてはならない。ただ幸いなことに現在の国民党を主に支える、いわゆる外省人が二世、三世の時代となって全体に台湾化しており、国民党の支持者がすべて中国との統一派ということではない。二〇一四年三月から四月にかけて盛り上がった「ひまわり学生運動」において、外省人二世、三世の学生も台湾人学生と一緒に立法院（国会）の占拠等の大規模デモ活動に参加したことからも明らかである。本来なら外省人系の馬英九国民党政権を擁護するはずの彼らがである。彼ら外省人系若者は台湾の自由・民主化時代に生まれ育ったことで、すでに台湾人としての意識が芽生え、中国傾斜を強める馬英九政権に反発したものといえよう。同様の問題を抱える香港の学生が「雨傘運動」を起こしたのは半年後のことである。これが台湾に移り住んで七十年余が過ぎた外省人の今の現実である。今や、「中華民国」をつくった国民党は「台湾の国民党」として定着しているのである。

いわんや、本省人の新台湾人としてのアイデンティティが急速に高まっているのは前述したとおりである。李登輝時代（一九八八～二〇〇〇年）に「自分は台湾人」（当時は大陸との多方面の交流が始まったことを背景に〝自分は台湾人でもあり、中国人でもある〟と答える者が最も多かった）と答える者が二割弱だったのが、三十年が過ぎた現在では国民の六割以上が「自分は台湾人」と答えている。こうした台湾人意識の高まりを受けて、政権レベルでも国名を含む国の有り様を前向きに模索し始めたのである。

最初に取り組んだのはもちろん李登輝元総統である。李元総統は〝台湾民主化の父〟として輝かしい足跡を残す中で当時不退転の決意をもって臨んだのが「中華民国」という国名に象徴される虚構体制の打破であった。

李総統はそれまで「中華民国」を支えてきた大陸出身の〝終身議員〟（当時、中華民国が台湾に移ってから四十年来、一度の選挙の洗礼を受けることなく議会を牛耳っていた）を全面改選するなど、「中華民国」の拠って立つ基盤を次々とそぎ落としていったのである。このときの李総統の頭の中には王育徳教授との件で述べた台湾独立、即ち「自前の台湾国」をつくりたいとの強い思いがあったに違いない。

しかし当時はまだ外省人の抵抗が激しく、コトは一朝一夕に進まなかった。そこで李総統は憲法改正をくり返しながら台湾化を段階的に進めることとし、まずは「中華民国」の存立根拠（中華民国は中国全土を統治し、台湾はその一つの省であるという）はもはや現状にそぐわないとして、台湾の現下の統治権を台湾本島と澎湖諸島、金門、馬祖に限ると言明した。

さらに台湾は「中華民国」の一つの省（台湾省）であるという主張を改め、当面台湾省を凍結し、次の民進党政権に託すこととした。そして一九九六年の総統直接選挙を前にしたあたりから国名を「中華民国在台湾」、つまり、台湾にある中華民国と言い始めたのである。

この国名は聞きようによっては「中華民国という国が今たまたま台湾にあるだけ」と、とることもでき、実に言い得て妙な国名といえよう。今や、李総統が目指す国家像は誰の目にも明らかとなり、中国大陸からミサイルが飛んでこようと、国民は決然と李総統の再選（九六年の総統直接選挙で）を支持したのである。

李総統が蒔いた民主化・台湾化の潮流は二〇〇〇年からの陳水扁、二〇一六年からの蔡英文総統へと引き継がれ、その流れはさらに強く、大きなものとなっていく。

特に蔡総統は総統就任以来「我々はすでに独立国家であり、あえて独立を宣言する必要はない」と、再三くり返し、二〇一九年には李元総統から託された「台湾省」を正式に廃止した。そして二〇二〇年の総統選挙で再選されると、国名を李元総統より一歩進めて「中華民国（台湾）」への変更を提唱し、主権独立国家への道を大きく前進したのだった。

この主張は独立志向の強い民進党政権ならではと評価できるものの、いまだ中華民国憲法（一九四七年に蔣介石が成立させた）の呪縛から抜け切れず、「中華民国」の冠を捨て切れないもどかしさが残る。

実はこの〝もどかしさ〟こそ、現下の台湾住民の民意を反映したものともいえるのだ。現下の台湾の皆さんは将来的には「台湾独立」を願いながらも当面は「とにもかくにも現状維持」を最善策とし、最終的な決着をできるだけ先延ばししようというのが大勢である。

台湾住民の多くが現在の成熟した社会を満喫しており、急激な変化を望まないのは市民感覚として理解できるのだが、心配性の私にはそれで現下の状況を乗り越えられるとは到底思えない。

思えば、台湾は一六二四年のオランダ支配から鄭成功、清、日本、そして中華民国と、常に外来政権によって支配され続け、真に自分の国を持ったことがない。このため、言葉はきついが、長年の植民地根性が染み着き、大事を前にしてもう一歩踏み出す勇気がなかなか出てこないのも充分理解はできる。現下の「現状維持」という民意もそうした歴史的経緯がなせるわざかもしれない。

このことを「台湾人の悲哀」と言ってしまえばそれまでだが、その悲哀を自らの手で克服しない限り、真の〝台湾の夜明け〟がやってこないのも事実である。今こそ、決断のときである。外来政権の国に終止符を打ち、自らの国を打ち立てるときである。自らのつくった国であればこそ誇りをもって団結し、国を守ることができるのである。

ここで私はシンガポールの故リー・クワンユー元首相を思い出す。リー元首相は国家存亡の危機に直面した際、何にもまして国民の団結を呼びかけ、みごと危機を克服したシンガポール建国の父である。

一九六五年、シンガポールはマレーシアから分離独立して自立国家を目指した。このとき国民は多数派の中国（華人）系住民に加え、マレー、インド系住民も多く住む他民族国家であった。このため、新しい国づくりをするには何よりも国民の心を一つにすることが求められた。

そこでリー元首相は国民に向かって「私は華人でもなければ、マレー、インド系でもなく、シンガポーリアン（シンガポール人）だ」と、シンガポール独自のアイデンティティを強く呼びかけたのだった。その結果、国民は一致団結して七〇年代以降の急速な工業化に成功し、韓国、台湾、香港と並んで〝アジア四小龍〟と呼ばれるまでに経済発展したのである。

もとより、世界の中で自立していくには多くの試練と困難を覚悟しなくてはならない。このためリー元首相は独立と同時にいち早く国際連合に加盟し、二年後の一九六七年には近隣のアジア諸国と共存していくため、東南アジア諸国連合（ＡＳＥＡＮ）の設立に力を注いだ。また一九九三年には中国と台湾の窓口機関の初会合をシンガポールで開催するなど、中台関係の融和促進にも多大な貢献をした。

こうしたシンガポールの独立と自立への歩みは現下の台湾にとって貴重な教訓となるはずだ。台湾の自立への歩みはシンガポールより数倍も困難なものになろうが、リー元首相の言う国民のアイデンティティさえ強固であるなら、いかなる試練や困難も乗り越えられるはずである。そして、その台湾アイデンティティの真価が問われる日が早晩やってこよう。

その一つの転機が二〇二四年一月の台湾総統選挙だった。習近平政権は総統選に向け、国民党が政権与党に復帰するよう多方面からの揺さぶりと介入を試みた。

しかし、前述したように、台湾国民党はすでに一枚岩ではない。総統選で国民党が勝利したとしても、それが即両岸の統一交渉につながるわけではない。ということは、習近平主席の中国にとって台湾との平和統一の可能性が完全になくなったときが最大の危機、台湾にとっては最大の正念場を迎えるということになる。それを習近平政権がいつ判断するのか、一年後なのか、二年後なのか。そして、そのとき中国は平和統一以外に残された道、即ち武力による台湾統一を本気でやろうとするのか、といった最悪のシナリオが時限爆弾のように刻一刻と私たちに襲いかかろうとしている。

いずれにせよ、台湾は物心両面の備えを急がなくてはならない。台湾は一九五八年の金門島の戦い（中国人民解放軍の激しい攻撃から金門島を死守した）後は戦火が一応途絶えているとはいえ、平和慣れした日本とは違い、常に万が一の備えに努めてきたと聞く。中国からの武力攻撃に対しても民間のシェルター普及率はすでに百パーセントとのこと。それこそ主要な公共、商業施設、学校、ホテル等の建物にすべての国民を収容できるシェルターが完備しているという。ちなみに日本の核シェルター普及率はわずか〇・〇二パーセントに過ぎず、台湾から百十キロの与那国島でさえ、緊急避難シェルター設置の動きがやっと始まったばかりで

台北101がそびえる現在の台北市

ある。

何より今回、台湾の備えを強くするのは自立国家として歩もうとする決意と士気の高さと思いたい。再三述べているように、台湾自身が自前の国づくりを目指し、その国を守るということになれば国民の士気も格段に違ってくるはずであるからだ。蔡総統が二〇二二年十二月に若者の兵役義務（十八歳～三十六歳）を従来の四ヵ月から一年に延長すると発表した際、国民の多く（民間の世論調査で七割以上）が賛成したことからも士気の高さがうかがえよう。

台北在住の広橋賢蔵くんによれば、「台湾有事を前にして当の一般市民は比較的冷静ですが、それでも最近は民間の軍事セミナーが盛況になるなど、市民の危機感が次第に高まっているのは確かです」とのこと。

広橋くんと言ったのは前述した〝なる台〟のときの私の部下であったため。広橋くんは一九八九年の天安門事件を機に北京での語学留学をさっさと切り上げ、中国語を活かして台湾に新天地を求めた逞しい男である。現在は〝なる台〟を辞め、独自に台湾情報の発信に活躍している。昨年暮れに久しぶりに来日し、私の住む牛久でお会いした際は「中華民国（台湾）に帰化申請してやっと認められました。これで私も台湾人です（笑）」と、すっかり〝台湾化〟していた。台湾の奥さんと素敵な台北ライフを送っていると聞き、ほっとしたものだ。ちなみに〝なる台〟は一時復刊したが、現在は残念ながら廃刊になってしまった。

ところで、その広橋くんが〝台湾人の立場〟から強調するのが日本への期待である。最近の世論調査で〝台湾有事〟の際に実際に助けてくれるのはアメリカより日本の方に信頼を寄せているからというのだ。これこそ、李元総統の強い遺志である運命共同体としての日本への期待である。

これに対し、私たち日本はどうであろうか。これまで縷々述べてきた日台の精神的な絆に見合った備えと覚悟ができているだろうか。確かにウクライナ問題や北朝鮮の相次ぐミサイル発射等を通じて私たちの安全保障意識は高まり、台湾の危機を身近に考えるようにもなった。台湾海峡が荒れれば即日本の生命線であるシーレーン（日本の原油輸入の九割以上を中東に依存する、その重要な海上交通路）を失うことを念頭に〝台湾有事〟を捉える者も増え、安倍元総理が「台湾有事は日本の有事であり、日米同盟の有事である」と言い、岸田前総理も「力による現状変更は許さない」と再三明言してきたことを従来以上の現実感をもって受け止めるようになった。

国会議員の間からも台湾有事を我が事として憂慮する発言が徐々に増えてきた。四年前（二〇二一）の〝麻生発言〟もその一つ。ときの麻生副総理兼財務大臣は同年七月六日の自身の政治資金パーティでの講演の中で、中国が台湾に侵攻した場合、日本が集団的自衛権を行使できる〝存立危機事態〟にあたる可能性があるという、従来より一歩踏み込んだ現状認識を示したのである。

これに対し、中国はただちに反応した。趙立堅報道官は「いかなる方法をもってしても台湾問題に介入することを許さない」と猛反発した。一方の台湾では、麻生副総理の発言を歓迎して「日本とアメリカが共同して必ず台湾を防衛することを示した〝日本の新戦略〟だ」としてマスコミ等で大きく取り上げられた。台湾にとって、日本とアメリカの軍事的支援がいかに頼みの綱であるかを示すものといえよう。

麻生副総理はまた、この日の講演で「台湾の次は沖縄が危ない」との警鐘を鳴らしたことも付け加えたい。中国が琉球（沖縄）の帰属を今もって未解決との立場をとっていることに、麻生副総理が危惧の念を表わしたものだ。実際、最近になって麻生副総理の危惧と符合するような動きが出てきた。

二〇二三年六月、習近平主席が三期目の就任後初めて琉球に関する発言をしたからだ。人民日報によれば、習主席が史料館を視察した際、「（私が）福州で勤務していた際、琉球との交流の根源が深いと知った」と述べたというのだ。この発言自体にはさほどの政治的意味合いは感じられないものの、時期が時期だけに、麻生副総理の危惧が当たらずとも遠からずと受け止める者が多いのも事実である。

しかし、残念なことに、麻生氏のような現状認識を持つ者はいまだ極めて少数であることだ。第一に国会からして、現下の台湾有事に何らの手立ても講じようとしない、実に不甲斐ない現状である。台湾を守りたいといっても目下の日本にはアメリカの「台湾関係法」のような法的な根拠も裏付けも何ひとつないのが現実である。

もし本気で台湾を守ろうとするなら、明日からでも〝日米台〟による安全保障の対話を始め、軍事情報を共有して共同の軍事演習をして然るべきであろう。あるいはこれは私どもの取り越し苦労であって、実は私どもの知らないところですでに〝日米台〟の軍事的連携がなされ、中国軍を迎え撃つ態勢が着々と進んでいるやもしれない。それならそれで結構であるが、せめて政府や国会においては私どもの目に見える形で「台湾海峡の安定を守る」との強い意思表示をすべきであり、またそのために、最悪の事態を想定した法的な準備を急ぐべきである。

こうした日本の現状に前述来の風間氏が最後の警鐘を鳴らす。とりわけ現下の体たらくな国会に対しては台湾を愛するが余りの苦言を呈し、時に声を荒げて叱責するほどである。「今の国会議員の中で台湾有事を本当に危機感をもって取り組もうとする者は何人いるだろうか。私には、ほとんどの議員がいまだ台湾有事を他人事と思っているように思えてならない。台湾を失ったら、日本の石油や天然ガス等の経済的生命線を失うばかりか、中国は第一列島線（九州から沖縄、台湾、フィリピン、ボルネオ島に至る、米中が対峙する海洋上の軍事ライン）を超えて、日本の完全孤立化を狙ってくるに違いない。このことを我が事として理解しない議員には次の総選挙に出馬してほしくない。まずは台湾と浅からぬ縁（基隆の項で紹介）のある岸田前首相に決然とした対応を期待したい」と。

では、風間氏の言う現状認識をもって、一市民としての私たちが台湾のために今なすべきこと、できることとは何なのか。それは前述来の台湾自身の決断いかんにもよるが、もし私どもの期待通りに自立の道を選び、自前の国づくりに向かうのであればそれを全面的に支援することに尽きよう。台湾人の長年の悲願である自前の「台湾国」が平和裏に実現できるよう、今こそ、まさかの時の真の友としての真価を発揮するときである。

しかし、これは容易なことではない。中国大陸からの軍事的脅威や圧力が一段と高まる中でこの大事を成就しなければならないからだ。歴史的にみても一国の独立や自立は戦火の中から得られることが多いのも事実。したがって、習近平の中共政権が武力侵攻を決断する前に「台湾国」が国際的に広く認知されていなくてはならない。国際的な支援なくして一国の平和を保つことはできない。このことは先に述べたシンガポールのリー元首相の教訓からも明らかである。

さらに「台湾国」を国際的に認知してもらうことに加えて、中共政権の口出しや手出しをはねのけるだけの強固な国際的枠組みを早急に構築することである。二〇二三年の広島サミットにおいても中国の覇権主義的な動きに対し、「両岸問題の平和的解決を促す」との文言が盛り込まれたが、これを中国当局に遵守させるだけの国際的な抑止力が必須であるからだ。そのためには、世界の中で「台湾国」がいかに存在感のある、なくてはならない国であるかを世界に向かって強くアピールし続ける必要がある。この大役を引き受けるのは私たち日本をおいて他にない。台湾を最もよく知る日本だからこそできる役である。今こそ、日本の湾生と台湾の親日世代の思いを込めた私たちの出番である。

といって、今回の大役に求められているのは湾生と親日世代に象徴される精神的な結びつきのことではない。それは日台独自の〝宝物〟として胸に秘めておくこととして、世界に向かっては「台湾国」が国際社会の一員として有意義かつ国際社会にいかに寄与する存在であるかを説得力のある言葉で、行動で発信することである。

この点、「台湾国」は小国ながら、世界に通用する、いや世界を牽引する利点や強味がいくらでもある。その一つは世界の自由・民主主義国と同じ価値観を大事にする国であることだ。台湾は戦後の国民党による圧政に耐えながら半世紀をかけて自由と民主主義を勝ち取った敬服すべき国である。

そしてもう一つは世界各国が〝台北詣で〟を競うほどの経済力である。なかでもＴＳＭＣ（台湾積体電路製造・世界の半導体シェアの五割以上を占める）に象徴される台湾の高い技術力は今や世界経済にとって絶対不可欠なものとなり、これがなくなるようなことになればたちまち世界経済が立ち行かなくなるほどである。

ちなみに台湾の高い技術力はＴＳＭＣに限らず、世界ナンバーワンを誇る有力産業が少なくても十業種以上を数える。例えば台湾鴻海《ホンハイ》のコンピュータ受託製造業、廣達のノートブック受託製造業、華碩のコンピュータゲーム製造、聯發科技の携帯電話チップス製造、大立光の携帯電話レンズ製造、台湾電子工業の電源供給器製造、日月光の半導体パッケージ・テスティング製造、欣興のＩＣ戴板製造、新普のノートブック用バッテリモジュール製造、研華の工業用コンピュータ製造、旺宏のＲＯＭ製造業、そして世界最大手電気自動車メーカーであるテスラの部品の七割以上を台湾が供給するなど、私たちの生活必需品であるスマホやパソコンをはじめ、自動車、家電、産業用ロボットに至るまで、台湾の存在なくして考えられない時代になっているのである。

こうした「台湾国」の世界に対する政治的、経済的な貢献度、何より恩義に厚い信頼できる国として私たちはもっと声を大にして世界に向かって発信しなくてはならない。私たち日本は米国等との軍事面での連携によって中国の台湾侵攻を是が非でも阻止することに加え、あらゆる知恵と備えを駆使して「台湾国」が中国大陸から横槍の入ることのない不動の自立国家として歩むことができるよう、最後まで支援し続けなくてはならない。それが湾生の尊い遺志であるからだ。

今から十年ほど前、台北郊外の北投山の山寺の跡地から、土に埋もれた石碑が発見された。石碑には「台湾よ、永に幸なれ」と刻字されていた。私たちの先人は百年も前から台湾の幸せな未来を願っていたのである。

では先人たちの思いを継いでもう一度言おう。台湾よ、永遠なれと。

追記

令和六年師走現在、台湾海峡は依然波高しである。時にその波は唸りを上げて逆巻き、一挙に台湾全島を呑み込まんばかりである。

事実、中国大陸は今年五月から蔡英文総統の後を継いだ頼清徳総統に対し、「蔡総統よりさらに独立志向の強い総統」と見なして一段と軍事的圧力を強めている。

特に十月十日の「双十節」（中華民国・台湾の建国記念日）において頼総統が「中華人民共和国（中国）は台湾を代表する権利はない」と述べたことに猛反発し、双十節の四日後には台湾を取り囲む形でかつてない大規模軍事演習を行った。それは、中国軍が誇る空母「遼寧」の艦隊を出動させて艦載機が実戦さながらの発着をくり返すなど、文字通り「台湾の独立勢力を震え上がらせる」（中国軍報道官）、強烈な威嚇であった。

これに対し頼総統は一歩も怯むことなく武力による台湾統一を批判し、今後とも日本や米国等の支援を得て断固台湾海峡の平和と安定を守り抜いていく決意だ。もとより日本政府も台湾の期待に応えるため、中国軍の一連の軍事演習から「台湾有事は超短期戦」になることを予想し、米国との連携による迅速な初動対応を急ぐ構えだ。

そこで懸念されるのが来年以降の米国トランプ政権の出方である。「米国第一」を掲げるトランプ氏はウクライナへの軍事支援に否定的であり、その延長でロシア軍によるウクライナの占領地域を認める形での戦争終結を提案しかねない。これは力による現状変更を認めてしまうことだ。そうなれば中国の台湾侵攻に好材を与えるだけである。

したがって、私たちは岸田前首相以来強調している「力による現状変更は認めない」ことをさらに声高く国内外に発信し続けなくてはならない。私たちは改めて、台湾有事は日本の有事でもあることを肝に銘じ、覚悟をもって台湾の行く末を見守っていきたいものである。

あとがき

前作の『なぜ台湾はこんなに懐かしいのか』（展転社）から早や二十年余が過ぎてしまった。この間、寄る年波と病魔に襲われ続けてきたとはいえ、なぜか筆が重く、一冊をモノにすることができなかった。怠慢の誹りをあえて受けようと思う。

で今回、なぜ筆が動いたかというと、言うまでもなく、ロシアのウクライナ侵攻が台湾にも飛び火して一挙に両岸対立の最終決着につながる恐れが出てきたからだ。最終決着は台湾自身が決めることとはいえ、相思相愛の切っても切れない関係にある私たち日本に果たして台湾の最終決着に向かう準備ができているだろうかと案じてならないからだ。そう思うと一挙にこれまでの思いがこみあげ、一気に拙著を書き上げた次第。

日本の湾生と台湾の日本語世代の皆さまの積年の思い（遺志）を私なりに汲んで最終結論としたのが本書である。あとは、僭越極りない私の提言に一人でも多くの皆さまが賛同してくださることを願うばかりである。

なお、本書の執筆にあたって多くの皆さまからご協力を頂いた。中でも取材や資料提供等に多大なご尽力を頂いた風間秀之氏と加藤美智子さんに改めてお礼申し上げます。

風間氏は本文中でも何度か紹介している通り、私の台湾取材中にいつも適切なアドバイスをしてくれた良き先輩である。そして加藤さんは親子三代にわたる台湾経験を後世に伝えるべく、老いてなお（失礼）日台の親善交流に東奔西走する人である。

最後に私の駄文を心よく世に出してくれた展転社の荒岩宏奨氏に心からの感謝を申し上げます。

令和六年師走　牛久・奥野の郷にて

宮本　孝

宮本孝（みやもと　たかし）

昭和23年　茨城県牛久市生まれ
早稲田大学政経学部卒業
「東京タイムス」「夕刊ニッポン」記者を経てフリーに
月刊「な〜るほど・ザ・台湾」元編集長
ノンフィクション作家

主な著書に、『再見、東洋色鬼』（大陸書房）、『台湾・ミニ日本の奇跡』（講談社）、『ワールドJOY台湾』（山と渓谷社）、『ホリディワールド台湾』（三修社）、共著に『台湾人のまっかなホント』（マケミランランゲージハウス）、『玉蘭荘の金曜日』（展転社）、『なぜ台湾はこんなに懐かしいのか』（展転社）など。

取材協力
風間秀之
元ジャルパック社員。
日本アジア航空の台湾ツアー（センチュリー）を担当して長年台湾に駐在。

湾生の遺言
台湾よ、永遠なれ

令和七年四月三日　第一刷発行

著　者　宮本　孝
発行人　荒岩　宏奨
発　行　展　転　社

〒101-0051 東京都千代田区神田神保町2-46-402
TEL　○三（五三一四）九四七〇
FAX　○三（五三一四）九四八〇
振替○○一四○―六―七九九九二

印刷　中央精版印刷

ISBN978-4-88656-588-4